Ruggero Leoncavallo
Der Bajazzo

SERIE MUSIK
PIPER·SCHOTT
Band 8039

Zu diesem Buch

Der Komponist Ruggero Leoncavallo gehört zu denjenigen Tonschöpfern, die ihren Platz in der Musikgeschichte aufgrund eines einzigen Erfolges gefunden haben. Der *Bajazzo* mit seinem Sujet vom »Spiel im Spiel« ist einer der ersten Vertreter des italienischen Verismo, einer Stilrichtung, die in ihren Werken ein wirklichkeitsgetreues Abbild des menschlichen Lebens geben wollte.

Dieses Buch enthält neben dem italienischen Textbuch und der gebräuchlichen deutschen Übersetzung einführende Kommentare von Kurt Pahlen. Er begleitet das musikalische und das äußere wie innere dramatische Geschehen der Oper mit Hinweisen zu kompositorischer Struktur und Sinnzusammenhang. Eine kurze Inhaltsangabe und ein Abriß der Entstehungsgeschichte stellen das Werk in einen Zusammenhang mit dem Gesamtschaffen des Komponisten und seiner Biographie und bieten eine umfassende, reich illustrierte Einführung.

Kurt Pahlen, geboren 1907 in Wien, Dr. phil. (Musikwissenschaft), war in Buenos Aires Generalmusikdirektor der Filharmónica Metropolitana und Direktor des Teatro Colón sowie an der Universität Montevideo Gründer und Inhaber des Lehrstuhls für Musikgeschichte. Als Gastdirigent bedeutender Konzert- und Opernorchester, Gastprofessor vor allem südamerikanischer Universitäten und Verfasser von über 40 in zahlreiche Sprachen übersetzten Büchern mit breit gefächerter Thematik, erwarb er sich einen internationalen Ruf als Pionier des Musiklebens. Sein besonderes Engagement gilt mit jährlich mehr als 200 Vorträgen der einführenden Vermittlung des Opernrepertoires an ein breites Publikum.

Die Reihe Opern der Welt in der Serie Musik Piper Schott gibt einen umfassenden Überblick über die Standardwerke des Spielplans.

Ruggero Leoncavallo

Der Bajazzo
I Pagliacci

Textbuch (Italienisch – Deutsch)
Einführung und Kommentar
von Kurt Pahlen
unter Mitarbeit von Rosmarie König

Schott Mainz · Piper München

SERIE MUSIK
PIPER · SCHOTT

Libretto vom Komponisten
Der Abdruck des italienischen Librettos und Notenbeispiele
erfolgt mit freundlicher Genehmigung von Casa Musicale Sonzogno
di Piero Ostali, Mailand.
Abbildungen wurden zur Verfügung gestellt von Kranichphoto, Berlin
(S. 167, 169, 171, 173, 175, 195, 197, 199), und Linares (S. 164).
Die übrigen Abbildungen entstammen dem Archiv Pahlen.

ISBN 3-7957-8039-X (Schott)
ISBN 3-492-18039-6 (Piper)
Originalausgabe Januar 1990
© 1990 B. Schott's Söhne, Mainz · BSS 46910
Umschlag: Federico Luci
Satz: Femoset Satz + Repro GmbH, Wiesbaden
Druck und Bindung: Clausen & Bosse, Leck
Printed in Germany

Inhalt

7 Zur Aufführung

9 Textbuch (Italienisch – Deutsch) mit Erläuterungen zu Musik und Handlung

158 Inhaltserzählung

178 Dichtung und Wahrheit um Leoncavallo und seine Oper »Der Bajazzo«

224 Weitere Werke Leoncavallos

234 Kurze Biographie Ruggero Leoncavallos

241 Diskographie

*Ruggero Leoncavallo
(1857–1919)*

Zur Aufführung

Titel: „Der Bajazzo" („Pagliacci")

Bezeichnung: Oper (Drama) in zwei Akten und
einem Prolog
Dichtung und Musik von
Ruggero Leoncavallo

Uraufführung: Mailand, 21. Mai 1892

Personen*:*
Canio,
    Haupt einer Komödiantentruppe (Bajazzo) .... Tenor
Nedda,
    seine Gattin (Colombine) .... Sopran
Tonio,
    Mitglied der Truppe (Taddeo) .... Bariton
Beppo,
    Mitglied der Truppe (Harlekin) .... Tenor
Silvio,
    ein junger Bauer .... Bariton
Gemischter Chor, Statisten als Zuschauer der Komödie

Schauplatz: Eine kleine Stadt in Süditalien; später von
Leoncavallo als Montalto di Calabria
angegeben

Ort der Handlung: 15. August (der Festtag) eines Jahres in der
zweiten Hälfte des 19. Jahrhunderts; später
von Leoncavallo auf das Jahr 1865 fixiert

*   in Klammern die Bezeichnung der Rollen in der Komödie

Textbuch (Italienisch – Deutsch)
mit Erläuterungen zu
Musik und Handlung

MUSIKALISCHE ERLÄUTERUNGEN

Anstelle des im Musiktheater üblichen »Vorspiels«, der seit Jahrhunderten jede Oper einleitenden »Ouvertüre« (von den Italienern traditionsgemäß »sinfonia« genannt) bringt »Der Bajazzo« den weltberühmt gewordenen »Prolog«, eine gesungene Einleitung, die der Dichter-Komponist Leoncavallo nicht nur zur Einführung in das folgende Werk benützt, sondern zu einer Art «prinzipieller Erklärung« des Stils verwendet, zu dessen Wegbereitern er sich (mit Recht) zählt; des »verismo«, des musikalischen Realismus oder Naturalismus also.

Schon die Tatsache des Vorhandenseins eines solchen gesungenen Prologs an der Stelle, an der sonst das Orchester allein »spricht«, deutet die bewußte Neuartigkeit dieser Oper an. Die Idee stammt allerdings nicht von Leoncavallo; Meyerbeer war (mit »Dinorah«) vorausgegangen, Mascagni hatte in seine Ouvertüre zur »Cavalleria rusticana« (die unleugbar das Vorbild für Leoncavallo und manchen anderen Zeitgenossen bildete) ein Gesangsstück in das instrumentale Vorspiel eingelegt. Es wäre sogar zu erwägen, ob nicht Lortzing mit seinem Gewehrschuß in der »Wildschütz«-Ouvertüre in gewissem Sinne die gleiche Idee gehabt hat: das Vorspiel möglichst eng in die Handlung zu integrieren. Doch Leoncavallos »Prolog« zum »Bajazzo« geht über diesen Gedanken weit hinaus: er wird zu einer Absichtserklärung, ja zu einem Manifest, das über die Entstehung des Werkes Auskunft gibt und zugleich die tatsachengetreue Schilderung zum Zweck der »neuen«, der »modernen« Kunst erklärt: »... was er wirklich sieht, schild're der Dichter!«, lautet der betreffende Text in der deutschen Übersetzung.

Rein instrumental beginnt der Prolog. Ein hartes, scharf rhythmisiertes Thema oder Motiv beherrscht das Orchester, bewegt, erregt, Aufmerksamkeit heischend:

(Notenbeispiel S. 12)

PROLOGO

PROLOG

(1)

Das Motiv setzt sich lange fort, durchläuft Tonarten in zahllosen Modulationen, steigert sich schließlich auf einen dissonanten Höhepunkt, der im »fortissimo« abreißt. Aber in tiefster, gespenstischer Lage klingt das Motiv immer wieder durch, trifft auf Gegenstimmen, die aus höchster Lage herabsteigen, verebbt langsam mit dem Lauf, der die Takte 3 und 4 unseres Beispiels füllte. Ein ins fast Unhörbare verklingender Hornton führt in ein neues, das berühmteste Motiv des Werkes über. Schmerzlich (»dolo-rosamente« verlangt der Komponist) erklingt es, und jeder Opernliebhaber ergänzt für sich: »Ridi, Pagaliaccio - Lache, Bajazzo...« Denn mit diesen so oft zitierten Worten wird die Melodie im Werk wiederkehren:

(2)

PROLOG

Ein weiteres, überaus ausdrucksvolles Motiv schließt sich an: »con passione« soll es nach Leoncavallos Wunsch erklingen, »mit Leidenschaft«, mit jener inneren tiefen Erregung, von der dieses Drama bestimmt ist. Die kurzen Opern des Verismus (die italienischen »Cavalleria rusticana« und »Pagliacci« nicht anders als die »deutschen«: Richard Strauss' »Salome« und »Elektra«) spielen sich begreiflicherweise in einer höheren Konzentration von Leidenschaft ab, als dies bei mehraktigen Opern der Fall zu sein pflegt, die ihre dramatischen Höhepunkte auf weitere Strecken verteilen können:

(3)

Auch dieses Motiv wird im Verlaufe der Handlung in schicksalhaftem Augenblick wiederkehren.
Dann setzt der rasche, erregte, punktierte Rhythmus (Beispiel 1, Takte 1 und 2) wieder ein, durchtobt längere Passagen, die zuletzt in die Takte 3 und 4 des ersten Motivs aufgelöst werden. Ein neuer Ansturm bis zum dissonanten Höhepunkt, eine lange spannungsgeladene Pause, mehrmals der Lauf der Takte 3 und 4, der

PROLOG

MUSIKALISCHE ERLÄUTERUNGEN

jetzt wie eine bange Frage klingt. Man fühlt, daß nun etwas Entscheidendes geschehen muß.
Da teilt sich der Vorhang ein klein wenig, durch die Lücke zwängt sich ein Kopf, ein bunt bemaltes Gesicht, das wie fragend, schüchtern in den Zuschauerraum blickt. Die Gestalt schiebt sich nach, ein Bajazzo steht vor uns. Es ist nicht Canio, das Oberhaupt der Truppe, die in wenigen Augenblicken in das süditalienische Dorf einziehen wird –, Canio käme wohl sicherer, selbstbewußter daher. Nein, es ist Tonio; er wirkt ängstlich wie ein oft Geschlagener, Geprügelter, ganz der geborene Verlierer, den er in allen Komödien stets darzustellen hat. Ein »armer Teufel«, und doch listig, ja hinterhältig, gefährlich, wenn er gereizt wird. Ihm hat der Dichter-Komponist Leoncavallo den »Prolog« anvertraut. Wir werden im historischen Teil dieses Buches nachlesen können, daß dies sozusagen zufällig geschah (weil dessen berühmter Darsteller einfach ein bedeutenderes Solostück forderte, als ihm im Werk zugedacht war); aber diesem »Zufall« wohnt eine tiefere Bedeutung inne. Für die beträchtlich lange Zeit dieses »Prologs« wird Tonio zur bühnenbeherrschenden Gestalt. Ein Musikstück von ungewöhnlicher Bedeutung ist ihm anvertraut.

Tonios erste Worte klingen fragend und schüchtern: »Si può? Si può?«:

(Fortsetzung des Notenbeispiels S. 18)

PROLOG

Tonio (*passando la testa attraverso la tela*):
  Si può? (*avanzandosi*)
  Si può? (*alla ribalta salutando*)

Tonio (*den Kopf aus dem Vorhang steckend*):
  Schaut her (*vortretend*), ich bin's, (*durch die Spalte grüßend*).

(4)

Man müßte dieses »Si può?« etwa mit »Darf ich?« übersetzen, was in der üblichen deutschen Fassung mit »Schaut her, ich bin's!« nicht treffend wiedergegeben ist.
Das Orchester schweigt zu diesem zögernden Beginn, der fast gesprochen wirken soll. Es legt weiche Akkorde erst unter »Signore! Signori!«, wenn Tonios Stimme an Sicherheit und Ausdruck gewinnt.

Dann wird Tonio sich seiner Aufgabe bewußt: »Io sono il Prologo!«: Sechs gewichtige Noten, ein hoher, langer, gewissermaßen selbstbewußter Ton. Die erste der überaus ausdrucksvollen Melodien folgt, die den Prolog auszeichnen, von einem Solocello begleitet kündigt Tonio die »antiche maschere« an, eine Harlekin- und Colombine-Komödie nach alter Manier –

und doch soll diesmal alles anders sein.
Dieser melodischen Phrase folgt ein Stück raschen Sprechgesangs zu spärlicher Orchesterbegleitung, die das Wort deutlich zur Geltung kommen läßt. Nein, heute gelte es keiner Komödie, keiner jener Szenen der falschen Tränen, der gespielten Schmerzen, nein, heute werde sich »uno squarcio di vita« auf der Bühne abspielen, ein Stück lebendiger Wirklichkeit. Zu Tonios immer erregter deklamierender, immer ausdrucksvollerer Stimme, die lange Zeit nur von kurzen Akkorden im Orchester gestützt wird, setzt dieses mit einer neuen breiten Melodie ein. Tonio über-

PROLOG

Signore!...
Signori!... Scusate-mi
se da sol mi presento.

Doch nah' ich ganz ernsthaft
Und grüße euch, werte Herren
und Frauen,

(*con autorità*) Io sono il
Prologo.
Poiché in scena ancor le
antiche maschere
mette l'autore, in parte ei vuol
riprendere
le vecchie usanze, e a voi di
nuovo inviami.

Ma non per dirvi come pria:
»Le lacrime
che noi versiam son false!
Degli spasimi
e dei nostri martir non
allarmatevi!«

No! No. L'autore ha cercato

(*mit Würde*) Heute als
Prologus!
Ihr seht die heitren Masken
Wohl mit Staunen im ernsten
Spiele,
Und da will es der Brauch,
Daß ich des Dichters Ziele
Euch nenne und kurz erkläre.

Denn nicht wie sonst gilt heut'
der Satz:
»Die Tränen der Bühne sind
falsch, sind Lug,
Falsch alle Seufzer auch, und
die Schmerzen Betrug;
Nehmt drum die Bühne nie
ernst...!«

Nein! Nein!

nimmt sie, als er sich des unmittelbaren Anlasses dieses Werkes entsinnt, einer wahren Begebenheit:

(5)

Dann erinnert das »pianissimo« spielende Orchester an das Motiv Nr. 3, das von Tonios Stimme kraftvoll in den höchsten Ausdruck von Leidenschaft gesteigert wird:

(Notenbeispiel S. 22)

PROLOG

invece pingervi
uno squarcio di vita. Egli ha
per massima
sol che l'artista è un uom e che
per gli uomini
scrivere ei deve. – Ed al vero
ispiravasi.

Heut' schöpfet der Dichter
kühn
Aus dem wirklichen Leben
Schaurige Wahrheit!
Ach, nicht die Märchen allein
Sind der Zweck der Kunst,
Auch was er wirklich sieht,
Schild're der Dichter:
Dann erringt er der Menschen
Gunst!

Un nido di memorie in fondo a
l'anima
cantava un giorno, ed ei con
vere lacrime
scrisse, e i singhiozzi il tempo
gli battevano!

Jüngst taucht' in des Autors
Seele
Jäh die Erinn'rung auf an ein
Erlebnis,
Das tief ihn dereinst
erschüttert';
Noch heute rinnt die Träne,
Obgleich er's nur erzählt im
Lied!

MUSIKALISCHE ERLÄUTERUNGEN

(6)

Nach einem gewaltigen Höhepunkt im Orchester erklingt, in weichstem Des-Dur (bevorzugte Tonart für ausdruckstärkste Melodien der romantischen Oper), die schöne Kantilene Tonios:

(Fortsetzung des Notenbeispiels S. 24)

Dunque, vedrete amar sì come s'amano gli esseri umani; vedrete de l'odio i tristi frutti. Del dolor gli spasimi, urli di rabbia, udrete, e risa ciniche!	Hört denn! Laßt euch im Stücke rühren Der Liebenden Schicksal, Das eurem oft gleichet, Den Haß sehet wüten, Den Neid seht nagen; Bis das Maß der Schuld erreicht ist Und die Hölle fordert Mit heiser'm Lachen ihren Lohn!
E voi, piuttosto che le nostre	O glaubt mir: Wie euch

MUSIKALISCHE ERLÄUTERUNGEN

(7)

Kurz vor deren Ende schmettert der Sänger traditionsgemäß ein (nicht in der Partitur vorgesehenes) hohes As in den Saal. Ein Augenblick der Stille folgt dem großen Ausbruch. Das Orchester deutet Des in Cis um – allen Theorien zum Trotz wird der Wechsel gefühlsmäßig spürbar. Auch Tonio ist plötzlich wie ausgewechselt. Fast gesprochen setzt er fort: er habe nun den Sinn erklärt, nun solle man das Werk sehen. Entschlossen ruft er zum Spielbeginn auf:

(Notenbeispiel S. 26)

PROLOG

povere
gabbane d'istrioni, le nostr'anime
considerate, poiché siam uomini
di carne e d'ossa, e che di quest'orfano
mondo al pari di voi spiriamo l'aere!

Schlägt voll Lust und Leid
Auch in des Gauklers Brust ein Herz,
G'nau wie euch quillt lindernd ihm die Träne,
Wenn ihn bedrückt ein Schmerz.
Wir alle auf Erden
Wandeln im gleichen Licht,
Bis am Ziele dem Reichsten wie dem Ärmsten
Einst das Auge bricht!

Il concetto vi dissi… Or ascoltate
com'egli è svolto.

Wie mein Dichter die Welt sah,
Hab' ich verraten, seht nun sein Werk.

MUSIKALISCHE ERLÄUTERUNGEN

(8)

Auch in dieser letzten Gesangsphrase des Prologs hält sich kaum ein Tonio an den Notentext: an die Stelle des ganztaktigen, langgehaltenen D (incominc i a te, deutsch: beg i nnen) tritt ein hohes G von höchster Kraft und Ausdauer, worauf der Dirigent »fortissimo« und in raschem Tempo das Orchester über den losbrechenden Applaus der Hörer zum wirkungsvollen Ende führt.

PROLOG

(*gridando verso la scena*) Andiam. Incominciate!	(*in die Szene rufend*) Macht fort! das Spiel kann be- ginnen!
(*rientra*)	(*tritt zurück*)

MUSIKALISCHE ERLÄUTERUNGEN

Mit einem ein wenig heiseren verstimmten Trompetensignal beginnt die Oper.

Sehr geschickt werden die von allen Seiten erklingenden Stimmen der Bewohner des Städtchens, der aus der Umgebung zusammenströmenden Bauern und der Kinder, allmählich hörbar gemacht und langsam zu einem melodischen Chor verbunden. Es ist alte Gewohnheit der italienischen Oper, mit einem Chor zu beginnen; zumeist ertönt anfangs eine festgefügte Melodie: hier ist es umgekehrt, die Melodie formt sich erst allmählich aus Rufen, rhythmisierten Phrasen. Neugier, Spannung spricht aus allem: der Zirkus kommt, Bajazzo ist wieder da, wie wohl alljährlich, hier auf dem Dorfplatz wird er sein Zelt, seine Bühne aufschlagen, auf der sich bestimmt wieder aufregende oder lustige Dinge abspielen werden.

ATTO PRIMO

SCENA I

All' alzarsi del sipario si sentono squilli di tromba stonata alternantisi con dei colpi di cassa, ed insieme risate, grida allegre, fischi di monelli ed un vociare che vanno appressandosi. Attirati dal suono e dal frastuono i contadini di ambo i sessi in abito da festa accorrono a frotte dal viale, mentre Tonio lo scemo va a guardare verso la strada a sinistra, poi, annoiato dalla folla che arriva, si sdraia dinnanzi al teatro. Sono tre ore dopo mezzogiorno, il sole di agosto splende cocente.

(*Grida confuse dalla sinistra*)

Ragazzi: Eh!

Contadini:
    Son qua!
    Ritornano…
    Pagliaccio è là!

    Tutti lo seguono
    grandi e ragazzi,
    ai motti, ai lazzi
    applaude ognun.

ERSTER AKT

I. SZENE

Beim Aufgang des Vorhangs mißtönende Trompetentöne. Lärm der Trommel, Schreien und Lachen von herzueilenden Landleuten und tobenden Gassenjungen. Wenn der Lärm angewachsen ist, erscheinen von den Seiten festlich geschmückte Bauern und Bäuerinnen. Tonio als Tölpel der Gesellschaft sieht verdrossen der herannahenden Menge entgegen und kauert sich dann vor der Spielbude »Theater« auf den Boden. Ein heißer August-Nachmittag, heller Sonnenschein, etwa 3 Uhr.

(*Geschrei von links*)

Buben: Heh!

Landleute:
    Sie sind's, dort nahen sie, die
    Gaukler…
    Macht Platz, die Gaukler
    nah'n…
    Macht Platz!

    Sie alle, groß und klein,
    Sind im Gefolge,
    An deren Witz und Spiel
    Wir stets uns freu'n
    Bajazzo kommt…
    Doch blickt er düster,

MUSIKALISCHE ERLÄUTERUNGEN

Das Orchester steigert die Stimmung unaufhörlich, gewinnt aus aufeinanderfolgenden halbtönigen (chromatischen) Rückungen Spannung,

1. AKT / 1. SZENE

Ed egli serio
saluta e passa
e torna a battere
sulla gran cassa.

Ragazzi (*di dentro*):
Ehi, sferza l'asino,
bravo Arlecchino!

Contadini:
Già fra le strida i monelli
in aria gittano
i lor cappelli

Canio (*di dentro*):
Itene al diavolo!

Peppe (*di dentro*):
To', biricchino!

Contadini:
fra strida e sibili
diggià.

(*I ragazzi fischiano e gridano
all'interno, ed entrano in scena correndo*)

Ragazzi e Contadini:
Ecco il carretto.
Indietro, arrivano.

Che diavolerio
Dio benedetto!

Und im Vorüberzieh'n
Trübselig grüßt er.
Dann wieder schlägt
Er die Trommel verzweifelt.

Buben (*von hinten*):
Peitsche den Esel,
Erhabener Meister!

Landleute:
Hört, wie die Menge laut krei-
schet,
Werft hoch die Hüte in die
Luft…

Canio (*noch unsichtbar*):
Schert euch zum Teufel doch!

Beppo (*von innen*):
Schweigt, ihr Gesindel!

Landleute:
Schwenkt eure Hüte freudig
hoch!

(*Die Buben pfeifen und
schreien hinter der Szene und
stürzen dann auf die Bühne*)

Buben und Landleute:
Seht dort den Wagen!
Er wendet, jetzt nahet er.
Wie die Verwirrung wächst!

Doch Gott sei Dank!
Dort kommt er an!

MUSIKALISCHE ERLÄUTERUNGEN

erreicht schließlich in der Grundtonart des Stückes (Es-Dur) die erste geschlossene Melodie bei »Evviva il principe se' dei Pagliacci!« (»Hoch leb' Bajazzo und seine Bande!«). Auch diese Melodie spielt mit der Halbtonrückung (Es- und E-Dur), eine große Chorszene entwickelt sich, durch deren letzte Phrase sich Canios Stimme bemerkbar macht. Sie wird immer wieder unterbrochen durch Applaus, freudige Zurufe, Tumult der zusammengeströmten Menge.*

Endlich kommt Canio inmitten der immer noch aufgeregten Menge zu Wort. Das Orchester legt längere Pausen ein, die Geräusche verstummen.

---

* im heutigen Sprachgebrauch ist natürlich „... Bajazzo und seine Truppe" gemeint.

1. AKT / 1. SZENE

Viva Pagliaccio!
Evviva! il principe
se' dei pagliacci.
I guai discacci tu
col lieto umore.
Evviva!

Hoch leb' Bajazzo und seine
Bande
Hoch Canio, hoch berühmt im
ganzen Lande.
Es lebe hoch Herr Canio, der
Herr der Gaukler,
Die uns mit tollem Spiel die
Stunden kürzen;
Die Künstler sie leben , die mit
Humor
Das Leben würzen.
Sie alle begrüßen wir voll
Dankbarkeit,
Die uns so oft mit ihrer Kunst
erfreut,
Habt Dank allzeit für alle eure
Mühen;
Gewiß, ihr sollt draus Vorteil
ziehen!
Vivat! Vivat!

Hoch leb' Bajazzo!
Mit seiner Laune, seinem
Schwank! Gegrüsst!
Zollt ihrem Spiel das froh'ste
Lachen,
Dann werden sie's noch besser
machen!
Wir preisen die Gaukler,
Wir loben ihr Spiel!

Canio:
  Grazie…

Canio:
  Dank euch!

Tutti:
  Bravo!

Alle:
  Bravo!

Canio:
  Vorrei…

Canio:
  Ihr wißt…

33

MUSIKALISCHE ERLÄUTERUNGEN

Mit großer Geste tritt Canio aus den Umstehenden hervor, im Ton eines Ansagers beginnt er, lädt zum »grande spettacolo«, zum »großen Spektakel«, zum »Schauspiel« für den gleichen Abend »a ventitrè ore«. Das hieße wörtlich » um 23 Uhr«, was zwar im kalabrischen Hochsommer durchaus keine unmögliche Anfangszeit bedeuten muß, aber doch nur mit Vorsicht übersetzt werden kann. Im Volksmund Süditaliens zählt man die Stunden anders als in unseren Breiten. Das »Spektakel« dürfte bei Sonnenuntergang begonnen haben.

1. AKT / 1. SZENE

Canio:
Signori miei!
(*picchia ripetutamente sulla
gran cassa*)

Tutti:
Uh! ci assorda! Finiscila!

Canio (*salutando comicamente*):

Mi accordan di parlar?

Tutti (*ridendo*):
Ah! con lui si dee cedere,
tacere ed ascoltar.

Canio:
Un grande spettacolo
a ventitrè ore
prepara il vostr'umile
e buon servitore.
(*riverenza comica*)

Vedrete le smanie
del bravo Pagliaccio;
e com'ei si vendica
e tende un bel laccio…

Vedrete di Tonio
tremar la carcassa,
e quale matassa
d'intrighi ordirà.

Canio:
So seid doch still!
(*er schlägt wiederholt auf die
große Trommel*)

Alle:
Uh! Wie gräulich! Hör auf,
Hör auf, du machst uns taub!

Canio (*sich komisch
verbeugend*):

So hört denn mit Verlaub!

Alle (*lachend*):
Seid still, laßt ihn reden jetzt,
Schweigt stille, hört endlich
zu!

Canio:
Ein herrliches Schauspiel
bereiten wir heut'
Abend um neun,
Und laden submissest die
Herrschaften
Alle ein!
(*Komische Reverenz*)

Gar viel gibt's zu sehn;
Zuerst der Eifersucht Wut bei
Bajazzo;
Dann wie er sich rächt und legt
Der Treulosen listige Schlin-
gen.

Dann seht ihr den Taddo feig
zittern und beben,
Und wie im Intrigengeweb' er
sich fängt!

MUSIKALISCHE ERLÄUTERUNGEN

Die Orchesterbegleitung ist äußerst sparsam, so daß auf lange Strecken jedes Wort verständlich wird. Canios »Reklamerede« steigert sich zu einer Arie, in deren letzten Teil bei verstärkter Orchesterunterstützung auch der Chor wieder einfällt:

»A ventitrè ore!« (Die deutsche Fassung verlegt den Beginn auf »neun Uhr heut' abend« und liegt damit wohl ungefähr richtig.)

Unmittelbar darauf geht das Orchester in den hart punktierten Rhythmus über, mit dem der Prolog begann, und fast könnte man von einer Art »Leitmotiv« dieser Oper sprechen. Die Reminiszenz ist kurz, ihr folgt eine längere, sehr komödiantische Szene, die zweifellos eine Vorahnung des kommenden »Schauspiels« bezweckt. Die Musik wird zur genauen Untermalung der Bühnenvorgänge: Tonio will Nedda, ein wenig zu galant vielleicht, aus dem Wagen helfen, Canio stößt ihn brüsk zur Seite, die Umstehenden lachen, machen sich über Tonio lustig, der verbittert zurückweicht.

1. AKT / 1. SZENE

Venite, onorateci
signori e signore.
A ventitrè ore!
A ventitrè ore!

Drum kommt, Vielverehrte, zu
uns
Heut' abend ins Schauspiel.
Das Stück ist ganz herrlich,
Punkt neun Uhr Eröffnung!

Tutti:
    Verremo, e tu serbaci
    il tuo buon umore.
    A ventitrè ore!

Alle:
    Wir kommen zu seh'n
    Doch du sei dann besserer
    Laune!
    Auf Wiedersehn, Canio.

Canio:
    A ventitrè ore!

Canio:
    Seid nochmals geladen!

Tutti:
    A ventitrè ore!
    (*Canio scende dal carretto –
    Tonio si avanza per aiutare
    Nedda a discendere*)

Alle:
    Um neun Uhr heut' abend!
    (*Canio steigt vom Wagen – To-
    nio nähert sich Nedda, um ihr
    beim Absteigen behilflich zu
    sein*)

Canio (*dando un ceffone a
Tonio*):
    Via di lì.
    (*poi prende Nedda fra le
    braccia e la scende dal
    carretto*)

Canio (*gibt Tonio eine Ohrfeige*):

    Scher dich fort!
    (*dann hebt er Nedda auf den
    Armen vom Wagen zur Erde*)

Donne (*ridendo a Tonio*):
    Prendi questo, bel galante!
    (*Peppe porta via il carretto di
    dietro al teatro*)

Frauen (*lachend zu Tonio*):
    Nimm in acht dich,
    Willst du galant sein!
    (*Beppo schafft den Wagen
    hinter das Theater*)

Ragazzi (*beffegiandolo*):
    Con salute!

Buben (*spottend*):
    Ganz ergebenst…

MUSIKALISCHE ERLÄUTERUNGEN

Canio wird von einigen wohlhabenden Bauern in die Taverne geladen, Beppo mitgenommen, aber Tonio schützt Arbeiten vor, um beim Wagen bleiben zu können.

1. AKT / 1. SZENE

(*Tonio li minaccia col pugno. I
ragazzi fuggono ridendo e
fischiando e restano nel fondo*)

Tonio (*a parte, nell' andarsene*):
  La pagherai!… brigante!…

  (*scompare dietro il teatro*)
  (*quattro o cinque contadini si
  avvicinano a Canio*)

Un Contadino (*a Canio*):
  Di', con noi vuoi bevere
  un buon bicchiere sulla croce-
  via?
  Di', vuoi tu?

Canio:
  Con piacere.

Peppe (*riapparendo dal fondo*):
  Aspettatemi… Anch'io ci sto!

(*Peppe gitta la frusta che ha in
mano d'innanzi alla scena ed entra nel teatro per cambiarsi*)
  (*Canio fa qualche passo verso
  il teatro*)

Canio (*chiamando*):
  Di', Tonio, vieni via?

Tonio (*di dentro*):
  Io netto il somarello.
  Precedetemi.

(*Tonio droht den Buben mit
der Faust, die zum
Hintergrund gegen das
Theater fliehen*)

Tonio (*für sich*):
  Das sollst du büßen,
  Wart', du Schuft du!
  (*Tonio verschwindet im
  Theater*)
  (*Einige Landleute treten zu
  Canio*)

Ein Bauer (*zu Canio*):
  Du, komm mit! zu einem Glas
  Guten Chianti lad' ich dich zur
  Taverne…
  Sprich, du willst?

Canio:
  Mit Vergnügen.

Beppo (*erscheint wieder*):
  Nehmt auch mich mit euch,
  Groß ist mein Durst!
  (*Beppo wirft die Peitsche,
  welche er in der Hand hatte,
  auf die Erde und geht durch
  die Seite in die Theaterbude*)
  (*Canio geht einige Schritte
  gegen das Theater*)

Canio (*hinter die Szene rufend*):
  Hör, Tonio du! Gehst du mit
  uns?

Tonio (*von innen*):
  Ich sorg' erst für den Esel…
  Geht; ich folg' euch schon…

Einer der Umstehenden macht Canio im Scherz darauf aufmerksam: Wolle Tonio nicht Canios Wirtshausbesuch benützen, um Nedda inzwischen den Hof zu machen? Canio lächelt, aber in seinem Innern geht Ernstes vor sich.

Ist er Neddas Treue nicht sicher? Und seine Arie hat einen nachdenklichen Ton:

(9)

Hier findet sich bereits die Anspielung auf das bevorstehende Geschehen. »Oben« – auf der Bühne –, da spiele ein Mann den Bajazzo, der komisch wirke bei der Entdeckung der Untreue seiner Frau, aber im Leben sei alles ganz, ganz anders ...

1. AKT / 1. SZENE

Un altro contadino (scherzando):
Bada Pagliaccio, ei solo vuol
restare per far la corte a Nedda.

*Canio (sorridendo forzatamente
ma con cipiglio)*:
Eh! Eh! vi pare?

Un tal gioco, credetemi, è
meglio non giocarlo
con me, miei cari; e a Tonio…
e un poco a tutti or parlo!…
Il teatro e la vita non son la
stessa cosa;
no… non son la stessa cosa!!…

E se lassù *(indicando il teatro)*

Pagliaccio sorprende la sua
sposa
col bel galante in camera, fa un
comico sermone,
poi si calma od arrendesi ai
colpi di bastone!…

Einige Bauern (scherzend):
Glaub's nicht, Freund Canio,
Allein bleibt er mit Nedda,
Um dir dein Weib zu stehlen…

*Canio (lächelnd, aber mit
Grimm)*:
Ha, ha! Ihr scherzt wohl?

Scherzet immer, doch eines
schont,
Was in der Brust des Mannes
Oft tief verborgen, unsichtbar,
Doch leicht verwundbar
wohnt:
Um die Treu' seines Weibes
Ist's der Zweifel, sind's die
Sorgen.
Drum merkt auf: reizt nie mein
Mißtrau'n

Zwar oben *(zur Bühne
weisend)*

Bin ich Bajazzo nur!
Ihr lacht ja, und ihr lobet,
Find't der sein Weib in
Freundes Arm,
Und nun verzweifelt tobet,
Dann als Tölpel kläglich
nachgibt
Und zuletzt noch wird geprü-
gelt!…

MUSIKALISCHE ERLÄUTERUNGEN

Fast flehentlich bittet Canio die Hörer, ein solches »Spiel« niemals zu spielen ... Nedda erbebt bei diesen Worten, sie weiß nur zu gut, wovon Canio spricht.

Die Umstehenden staunen – was bringt den Spaßmacher, den Bajazzo, in so tiefe Erregung? Doch schon hat dieser sich wieder gefangen, zerstreut lächelnd alle Bedenken, küßt Nedda im Weggehen auf die Stirne und versichert, sie anzubeten. Unter lärmendem Orchester gehen alle ab in die Taverne.

1. AKT / 1. SZENE

Ed il pubblico applaude
ridendo allegramente!…

Ma se Nedda sul serio
sorprendessi… altramente

(*minaccioso, riscaldandosi
senza volerlo*)

finirebbe la storia, com'è ver
che vi parlo!…

(*riprendendo il tono
sarcastico*)

Un tal gioco, credetemi, è
meglio non giocarlo!…

Nedda (*a parte*):
   Confusa io son!…

Alcuni contadini (*a Canio*):
   Sul serio pigli dunque la cosa?

Canio:
   Io!? Vi pare!! Scusatemi!
   Adoro la mia sposa!…

   (*Canio va verso Nedda e la
   bacia in fronte*)

Ei wie klatscht ihr da Beifall
ungezügelt!

Anders doch wär's im Leben;
Fänd' ich Nedda jemals
treulos,

(*wider Willen in heftige
Gemütsbewegung geratend*)

wär's ihr Ende:
In ihr Herzblut taucht' mit
Wollust ich die Hände…

(*verfällt in Sarkasmus*)

Darum scherzt nur, doch
achtet, daß
Das Spiel nie werde Wahrheit!

Nedda (*für sich*):
   Wie er mich ängstigt…

Einige Männer (*zu Canio*):
   Was hast du?
   Was nur bringt dich in
   Wallung?

Canio:
   Mich? Nein, gar nichts!
   Verzeihet mir…
   Mein Weib bet' ich ja an.
   (*Küßt Nedda die Stirn*)

MUSIKALISCHE ERLÄUTERUNGEN

Die Dorfglocken haben zu läuten begonnen. Aus ihrem Klang gestaltet Leoncavallo eines der stimmungsvollsten Stücke des Werkes. Ob sie einen Kirchgang begleiten, bleibt dem Regisseur überlassen; der anbrechende Abend ruft zur Vesper. Dramaturgisch hat dieser »Glocken-Chor« seine Bedeutung: er unterbricht die Handlung, deren Spannung bereits kurz angedeutet wurde – Canios Arie war ein klares Zeichen – und die nun bald zu ihren mehrfachen Höhepunkten streben wird.

1. AKT / 1. SZENE

Scena e coro delle campane	Szene und Glockenchor
Ragazzi: 　I zampognari! 　(*Corrono verso la sinistra;* 　*parte dei contadini guardando* 　*auch' essi*)	*Buben*: 　Die Musikanten! 　(*Zusammenlauf der Menge zur* 　*linken, Gruppen von* 　*Landleuten, welche erwartend* 　*ausschauen*)
Contadini: 　I zampognari! 　Verso la chiesa vanno i 　compari. 　Essi accompagnano la 　comitiva 　che a coppie al vespero sen va 　giuliva. 　Le campane… 　Ah! Andiam. La campana 　ci appella al Signore! 　Andiamo!	*Landleute*: 　Die Musikanten! 　Sie zieh'n zur Kirche nach 　altem Brauch! 　Wo sie begleiten die frommen 　Gesänge. 　Schon strömt zur Vesper die 　harrende Menge. 　Ah! So hört doch die Glocke, 　Sie ruft zum Haus des Herrn. 　Kommt, geh'n wir!
Canio: 　Ma poi… ricordatevi!… 　A ventitrè ore! 　(*fa cenno ridendo a quelli che* 　*lo hanno invitato a bere per* 　*pregarli di attendere e* 　*scompare dietro il teatro*)	*Canio*: 　Doch dann, seid gut 　eingedenk: 　Dem Schauspiel bleibt heut' 　nicht fern! 　(*Canio macht nochmals* 　*lächelnd die Geste einer* 　*verbindlichen Einladung und* 　*verschwindet, um sich* 　*umzukleiden im Theater*)
(*Entrano gli zampognari ed altre* *coppie di giovani e vecchi* *contadini*)	(*Einzug der Musikanten, begleitet* *von jungen und alten Landleuten* *in Paaren*)
Contadini: 　Andiam!	*Landleute*: 　Nun kommt zum Haus des 　Herrn!

MUSIKALISCHE ERLÄUTERUNGEN

Die Männerstimmen weben, die Glocken nachahmend, sozusagen einen Teppich, über dem die hellen Sopranstimmen eine Melodie ausbreiten. (Den einfältigen Text sollte man nicht beachten, fast wäre es besser, ihn – deutsch wie italienisch – nur vokalisieren zu lassen.)

1. AKT / 1. SZENE

*(Le due comitive si riuniscono
e si formano a coppie)*

*(Alle schließen sich zu Paaren
zusammen)*

*Tutti (imitando il suono delle
campane)*:

Don, din, don, din, don,
din, don, suona vespero
ragazze e garzon,
a coppie al tempio
ci affrettiam.

Din, don, diggià i culmini
il sol vuol baciar.

Le mamme ci adocchiano,
attenti compar!
Din, don, tutto irradiasi,
di luce e d'amor!
Ma i vecchi sorvegliano
gli arditi amador!

Alle (die Glocken nachahmend):

Bim, bam, bim, bam
bim bam, ruft der Glocke Ton,
Die Mädchen und Burschen
ziehn herbei
Zu Paaren, in des Lebens Mai!

Bim, bam, wenn die Vesper
schallt,
Sinkt nieder die Sonne bald.
Die Liebe ersehnt die Nacht,
Doch ach, das Aug' der Mütter
wacht!
Bim, bam, lösch aus, gold'nes
Licht,
Die Liebe, sie braucht dich
nicht,
Sie selbst leuchtet genug und
glüht,
Wo je sie ins Herze zieht.
Bim, bam
Die Mütter behüten uns,
Ihr Auge sieht scharf;
Sink' nieder, du strahlend
Licht,
Die Lieb' braucht dich nicht.
In stiller Nacht,
Wenn mein Mädchen wacht,
Schleich' ich hin,

Don, din, don Ah!
*(le coppie si allontanano pel
viale in fondo)*

Don, din, don Ah!

Bim, bam
*(die Paare entfernen sich
durch die Allee im
Hintergrund)*

Bim, bam, Ah!

MUSIKALISCHE ERLÄUTERUNGEN

Die Glocken sind verklungen, in der lauen Abendluft verlieren sich die Gesänge der Soprane. Aus dem Zirkuswagen ist Nedda getreten. Das anfangs leise Orchester deutet durch einen synkopierten Rhythmus ihre Erregung an:

(10)

Beim Gedanken an den Geliebten klingt kurz (»con amore« heißt es in der Partitur) das Liebesmotiv auf, als das wir die im Beispiel Nr. 3 zitierte Melodie wohl bezeichnen können. Neddas rezitativisch geäußerte Gedanken und Bedenken werden durch warme Streicher-Akkorde abgelöst: Sie streckt ihren Körper der milden Abendbrise entgegen. »O che bel sole di mezz' agosto!«, singt sie mit inniger Empfindung: »Wie herrlich ist die Sonne Mitte August!« (Im deutschen Libretto nicht recht sinngemäß wiedergegeben.) Sie erinnert sich ihrer Kindertage, Vogelgezwitscher erklingt im Orchester:

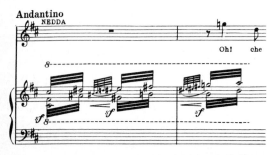

(Fortsetzung des Notenbeispiels S. 50)

1. AKT / 2. SZENE

SCENA II	2. SZENE
Nedda (pensierosa):	*Nedda (nachdenklich):*

Qual fiamma avea nel guardo!
Gli occhi abbassai per tema
ch'ei leggesse

Wie flammte auf sein Auge!
Ich senkt' die Blicke zur Erde
voller Angst,

il mio pensier segreto!
Oh! s'ei mi sorprendesse…
brutale come egli è!… Ma
basti, or via.
Son questi sogni paurosi e fole!

Daß er säh' mein böses Gewissen!
Gott wenn er mich
durchschaute!
Jähzornig wie er ist…
Geschäh' wohl ein Unglück.
Ah! der Gedanke macht mein
Herz erbeben!

O che bel sole
di mezz'agosto! Io son piena di
vita,
e, tutta illanguidita per arcano
desio, non so che bramo!

Noch lacht die Sonne auf
meinen Pfaden.
In vollen Zügen atm' ich
Des Lebens holdes Sehnen
Und verzehr' mich in
Liebesgluten!

(guardando in cielo)

(zum Himmel schauend)

49

(11)

Diese Naturlaute leiten ihre »Vogellied« genannte Arie ein:

(Notenbeispiel S. 52)

1. AKT / 2. SZENE

Oh! che volo d'augelli, e
quante strida!
Che chiedon?… Dove van?…
chissà!… La mamma
mia, che la buona ventura
annunziava,
Comprendeva il lor canto e a
me bambina
così cantava:

Oh! die lustigen Vöglein!
Wie schön sie singen! Wer
lehrt's euch?
Wohin fliegt ihr? Sagt an!
Die Mutter konnte die Sprache
der Vögel verstehen,
Und sie weissagt' die
Zukunft…
Als ich ein Kind noch
Hört' ich sie singen:

MUSIKALISCHE ERLÄUTERUNGEN

(12)

1. AKT / 2. SZENE

Ballatella	Vogellied
Hui! Hui!	Hui! Hui!
Stridono lassù, liberamente	Wie die Vöglein schweben
lanciati a vol come frecce, gli	Hoch im Ätherblau!
augel.	O sie sind schlau:
Disfidano le nubi e il sol	Sie wissen von Freiheit und
cocente,	Glück
e vanno, e vanno per le vie del	Und lassen im Nebel die
ciel.	irdische Welt zurück!
Lasciateli vagar per	Und wenn Frau Sonne
l'atmosfera	Früh neu ersteht,
questi assetati d'azzurro e di	Dann grüßen Morgenlieder
splendor:	Ihr Licht jubelnd wieder!
seguono anch'essi un sogno,	Und rollen die Donner
una chimera,	Und zucken die Blitze rot:
e vanno, e vanno fra le nubi	Bergen in Wipfeln sie weise
d'or!	Ihre Köpfchen; es hat nicht
Che incalzi il vento e latri la	Not!
tempesta,	Nein, ist der Sturm verflogen,
con l'ali aperte san tutto sfidar;	Prangt am Firmament
la pioggia, i lampi, nulla mai li	Der bunte Friedensbogen,
arresta,	Dann zwitschern sie wieder
e vanno, e vanno, sugli abissi e	Die süßesten Lieder,
i mar.	Dann trägt ihr Gefieder
	Sie hinweg… Wohin?
	Zur Erde nieder, zum Himmel
	an!

Eine bezaubernde, leicht dahinschwebende Melodie zu zartester Orchesterbegleitung, welche die Stimme umspielt, bis sie im letzten Teil sich mit dieser zu einem wohlklingenden Unisono vereint.

(Auch hier klafft zwischen dem italienischen Text und der deutschen Übertragung ein wahrer Abgrund, nicht nur in den Worten, sondern, schlimmer noch, im Verfehlen der angestrebten schwebenden, kindlich sorglosen, fast traumhaften Stimmung.)

Tonios Hervortreten zerreißt den Zauber (der allerdings bereits im Applaus erstorben sein dürfte). Es führt Nedda in die Gegenwart zurück. Doch Tonio kommt (noch) nicht als Feind, sondern als Bittender, ja Flehender, der entzückt Neddas Gesang gelauscht hatte. Nedda verspottet ihn. Der Bucklige, Häßliche, Unbeholfene nimmt alle seine Zärtlichkeit zuhilfe. Leoncavallo schenkt ihm eine echte Liebesmelodie:

(Notenbeispiel S. 56)

1. AKT / 2. SZENE

Vanno laggiù verso un paese strano
che sognan forse e che cercano invan.
Ma i boemi del ciel seguon l'arcano
poter che li sospinge… e van!… e van!

Weit bis zum Lande,
Das sie im Traume suchen,
Wo alles Sehnen find't Frieden und Ruh!
Boten, fragt doch im Fluge,
Ob er mein denket,
Das Herz ganz mir schenket?
Dann sagt auch ihm, ich sei ihm gut.

Scena e duetto

Szene und Duett

(*Tonio durante la canzone sarà entrato e, appoggiandosi all' albero, ascolterà beato*)

(*Tonio tritt auf*)

Nedda (*scorgendo Tonio bruscamente, contrariata*):
Sei là? credea che te ne fossi andato!…

Nedda (*barsch, unangenehm berührt*):
Was gibt's? Du sagtest doch,
Du gingst zum Weine!

Tonio:
È colpa del tuo canto.
Affascinato io mi beava!

Tonio:
Mich fesselte dein Singen.
Du hast bezaubert
Mein ganzes Wesen!

Nedda (*ridendo con scherno*):
Ah! Quanta poesia!

Nedda (*spöttisch lachend*):
Sieh' da, du spielst wohl den Poeten?

Tonio:
Non rider, Nedda!

Tonio:
Willst du mein spotten?

Nedda:
Va, va all'osteria!

Nedda:
Fort, geh nur zum Wirtshaus.

(13)

Doch im Augenblick, da er ihr in tiefster Erregung das Geständnis seiner Liebe machen will, unterbricht sie ihn kalt und höhnisch.

Das Orchester nimmt eine Melodie der Komödie voraus, zu der auf der Bühne eine ähnliche Szene stattfinden wird. Tonio empfindet die Grausamkeit, mit der Nedda ihn auf seine Rolle im Theater verweist; noch kämpft er, hofft er.
Zur Melodie aus der Komödie verflechten sich die beiden Stimmen, flehend die eine, höhnisch zurückweisend die andere:

(Notenbeispiel S. 58)

1. AKT / 2. SZENE

Tonio:
So ben che difforme contorto
son io;
che desto soltanto lo scherno e
l'orror.
Eppure ha'l pensiero un sogno,
un desio,
e un palpito il cor!
Allor che sdegnosa mi passi
d'accanto
non sai tu che pianto mi spreme
il dolor!
Perchè, mio malgrado, subìto
ho l'incanto,
m'ha vinto l'amor!

(*appressandosi*)

Oh! lasciami, lasciami
or dirti…

Nedda (*interrompendolo*):
Che m'ami?

(*scroscio di risa*)

Ah! ah!

Hai tempo a ridirmelo
stassera, se brami!…

Tonio:
Nedda!

Nedda:
Stassera! Facendo le smorfie
colà sulla scena!

Tonio:
Ich weiß wohl, ich bin dir
Im Grunde verächtlich,
Bin nichts als ein Tölpel,
Der nichts hat und nichts fühlt.
Und doch hab' ein Herz ich,
Das warm schlägt wie allen
Das schmerzet im Leid!
Drum sei nimmer grausam,
Mein Los muß dich rühren,
Doch höhnest du mich, ist
Verzweiflung mein Schicksal!
Du hast mich bezaubert,
Dich kann ich nie lassen,
Die Liebe verzehrt mich,
Sie wird mich noch töten.

(*sich Nedda nähernd*)

Oh, schenk' mir der Hoffnung
Strahl, sei gnädig.

Nedda (*jäh*):
Mich liebst du?

(*in Lachen ausbrechend*)

Ha! ha!

Bewahr' deine Schwüre doch
Sag' sie abends her!…

Tonio:
Nedda!

Nedda:
Ja abends auf der Bühne,
Da hören sie hin;
Dort spiel' den Verliebten!

MUSIKALISCHE ERLÄUTERUNGEN

(14)

1. AKT / 2. SZENE

Tonio:
  Non rider, Nedda!
  (*con passione*)
  Non sai tu che pianto mi
  spreme il dolore!

Nedda:
  Hai tempo!
  (*sempre sbeffeggiando*)
  facendo le smorfie colà!
  Ah! ah!

Tonio:
  Non rider, no!
  (*supplice*)
  Non rider!

Nedda:
  Per ora tal pena

Tonio:
  Subìto ho l'incanto, m'ha vinto
  l'amor!
  (*con dolore*)
  Nedda!

Nedda (*ridendo*):
  Ah! ah!

Tonio (*implorando*):
  Nedda!

Nedda (*sprezzante*):
  Tal pena ti puoi risparmiar!

Tonio:
Bei Gott, du höhnst mich!
(*mit Leidenschaft*)
Du weißt, wie ich leide,
Der Schmerz überwältigt mich.

Nedda:
  Heut' abend
  (*immer verhöhnend*)
  Da sei der verliebte Tölpel,
  Dort paßt es ja… ha, ha!

Tonio:
  Du, lache nicht!
  (*flehend*)
  Nicht lachen!

Nedda:
  Die Zeit reift die Strafe,
  Freund.

Tonio:
  Du hast mich bezaubert,
  Nun trag' ich die Qual.
  (*mit Schmerz*)
  Nedda!

Nedda (*lachend*):
  Ha! ha!

Tonio (*flehend*):
  Nedda!

Nedda (*verächtlich*):
  Du Tölpel, du wirst's noch
  bereu'n!

MUSIKALISCHE ERLÄUTERUNGEN

Die Szene nimmt immer mehr dramatische Akzente an, aus dem um Mitgefühl bettelnden Tonio ist ein wild fordernder Mann geworden, der die längst Begehrte in seine Arme reißen will, der ihre schroffe Ablehnung als verstärkende Anstachelung seiner Triebe empfindet.

1. AKT / 2. SZENE

Tonio (*violento*):
  No! è qui che voglio dirtelo!
  E tu m'ascolterai,
  che t'amo e ti desidero,
  e che tu mia sarai!

Tonio (*heftig*):
  Nein, hör zu, was ich dir künde
  jetzt:
  Du mußt, Nedda, mein eigen
  sein;
  Du bist der Himmel mein,
  Auf den ich hoffe!
  Schütz' vor Verzweiflung
  mich,
  Ich such' nur ewig dich.

Nedda (*seria ed insolente*):
  Eh! dite, mastro Tonio!
  La gobba oggi vi prude, o una
  tirata
  d'orecchi è necessaria
  al vostro ardor?!

Nedda (*schroff, beleidigend*):
  Halt! Sag' doch, süßer Tölpel,
  Du willst wohl tüchtige
  Prügel?
  Halte dein Mundwerk im
  Zügel,
  Sonst kühlen Hiebe deine
  Glut!

Tonio:
  Ti beffi?! Sciagurata!
  Per la croce di Dio! Bada che
  puoi pagarla cara!!

Tonio:
  Das drohst du?
  So vernimm denn:
  Bei dem Kreuz des Erlösers,
  Nedda, den Schimpf sollst du
  mir büßen!

Nedda:
  Minacci?
  Vuoi che vada a chiamar
  Canio?

Nedda:
  Du prahlst noch? Gut,
  So ruf' ich gleich nach Canio!

Tonio (*movendo verso di lei*):
  Non prima ch'io ti baci!

Tonio (*auf Nedda zugehend*):
  Nicht eh'r, bis du mich küs-
  sest!

Nedda (*retrocedendo*):
  Bada!

Nedda (*zurückweichend*):
  Hüt dich!

MUSIKALISCHE ERLÄUTERUNGEN

Auf dem Höhepunkt dieser immer heftiger werdenden Auseinandersetzung, die von der Musik dramatisch unterstrichen wird, ergreift Nedda die Peitsche und läßt sie auf Tonios Gesicht niedersausen.

Die Streicher rasen in dichtestem Tremolo, drohend künden in großer Tiefe die Bläser Tonios Rache an.

1. AKT / 2. SZENE

Tonio:
  Oh! tosto sarai mia!
  (*si slancia per ghermirla.
  Nedda scorgendo la frusta la
  raccoglie e dà un colpo sulla
  faccia a Tonio*)

Nedda:
  Miserabile!

Tonio (*manda un urlo e
retrocede*):
  Per la Vergin pia di
  mezz'agosto,
  Nedda… lo giuro… me la
  pagherai!…

  (*esce dalla sinistra minacci-
  ando*)

Nedda (*immobile guardandolo
allontanarsi*):
  Aspide! Va.
  Paura non mi fai; io ti compre-
  so.
  Hai l'animo siccome il corpo
  tuo difforme… lurido!…

Tonio:
  O schnell, sei ganz die Meine.
  (*Er will auf Nedda zustürzen;
  sie erwehrt sich seiner und
  schlägt ihn mit der Peitsche,
  die sie schnell von der Erde
  aufhebt, ins Gesicht*)

Nedda:
  O du Elender!

Tonio (*taumelt zurück*):
  Bei der Jungfrau:
  Nun ist voll das Maß'
  Dirne! dich kenn' ich…
  Diese Schmach bereust du!

  (*Stürzt drohend zur Linken ab*)

Nedda (*unbeweglich ihm
nachblickend*):
  Drohe nur! geh!
  Nun hast du dich entlarvt! Wie
  ich dich hasse!
  In des Heuchlers Maske
  verbargst du tierische Lust!
  Vorbei nun, Ungetüm!

Nur kurze Zeit vergeht zwischen dem in finsterster Wut erfolgten Davonstürzen Tonios und dem Liebesruf Silvios:

(15)

Er hat sich herangeschlichen, um seine Geliebte noch rasch vor dem Schauspiel zu sehen. (Es wird allerdings ein langes Liebesduett daraus.) Im Orchester wieder die von uns als Liebesmotiv bezeichnete Melodie Nr. 3, während Neddas Herz dem ungeahnten Besucher (»a quest'ora«, »zu dieser Stunde«) entgegenschlägt. Doch Silvio hat die Situation wohl beobachtet: Canio und Beppo im Wirtshaus ...
Aber Tonio?, wirft Nedda ein; Silvio lächelt geringschätzig, er hält diesen Tölpel für vollkommen ungefährlich. Erregt erzählt Nedda das eben Vorgefallene.

SCENA III	3. SZENE
Duetto	Duett

Silvio (*apparendo sul muretto*):
  Nedda!
  (*salta il muro*)

Nedda:
  Silvio, a quest'ora… che
  imprudenza.

Silvio (*allegramente*):
  Ah, bah! Sapea ch'io non
  rischiavo nulla.
  Canio e Peppe da lunge a la
  taverna
  ho scorto!… Ma prudente
  per la macchia a me nota qui ne
  venni

Nedda:
  E ancora un poco in Tonio
  t'imbattevi!

Silvio (*ridendo*):
  Oh! Tonio il gobbo!…

Nedda:
  Il gobbo è da temersi!
  M'ama. Ora qui me'l disse…

Silvio (*erscheint auf der Mauer*):
  Nedda!
  (*er springt herab*)

Nedda:
  Silvio! zu dieser Stunde…
  Wie gefährlich!

Silvio (*lächelnd*):
  Ah bah! Sei ruhig, denn nichts
  Verweg'nes wag' ich!
  Canio sitzt beim Wein,
  Mit Beppo sah ich ihn
  In der Taverne brav trinken;
  Dann erst schlich ich auf dem
  Feldweg
  Ganz leise zu dir her.

Nedda:
  Um ein Haar hätt' Tonio
  Dein Kommen doch gesehen!

Silvio (*lachend*):
  Oh! der Dummkopf!

Nedda:
  Der Dummkopf ist gefährlich!
  Er liebt mich… grade jetzt
  gestand er's…

Liebevoll (das Orchester beharrt auf dem Motiv Nr. 3) redet Silvio seiner Geliebten ins Gewissen: Will sie ewig so leben, immer wieder weiterziehen mit der längst verhaßten Komödiantentruppe? Im zärtlich-ausdrucksvollen Des-Dur entfaltet Silvio eine weitgeschwungene Liebesmelodie:

(Fortsetzung des Notenbeispiels S. 68)

1. AKT / 3. SZENE

e nel bestial!
delirio suo, baci chiedendo,
ardiva
correr su me!

Silvio:
Per Dio!…

Nedda:
Ma con la frusta
del cane immondo la foga
calmai.

*Silvio (appressandosi mestamente
e con amore a Nedda)*:
E fra quest'ansie in eterno
vivrai?
Nedda! Nedda!

(*le prende la mano e la condu-
ce sul davanti*)

Decidi il mio destin.

Und wie ein Tier in blinder
Wut
Droht' mit Gewalt er
Mich zu umarmen, zu küssen!

Silvio:
Hilf Gott!

Nedda:
Da mit der Peitsche
Hab' ich ihn gezüchtigt.
Nun brütet er Rache!

*Silvio (sich Nedda ruhig und
liebevoll nähernd)*:
Nedda! jetzt hör an:
Willst du ewig so leben?
Nedda! folge mir!

(*er nimmt sie bei der Hand und
führt sie nach vorn*)

Heute fällt mein Geschick,

MUSIKALISCHE ERLÄUTERUNGEN

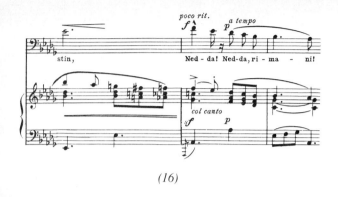

(16)

Für Silvio gibt es nur ein Ziel, eine einzige Lösung für die schweren Probleme, die Neddas Leben verdüstern: die gemeinsame Flucht, den Aufbau eines neuen Lebens, irgendwo auf der Welt.

1. AKT / 3. SZENE

Nedda! Nedda, rimani!
Tu il sai, la festa ha fin
e parte ognun domani.

Nedda! Nedda!…

Nedda, trenn' dich von jenen!
Dein Antlitz wend' nicht ab,
Hör deines Freundes
Sehnen…
Nedda! Nedda!

E quando tu di qui sarai partita,
che addiverrà di me… della
mia vita?

Zögst du mit ihnen nochmals
von hinnen,
Was soll ich Ärmster auf
Erden beginnen,
Wenn der Liebe Licht erlischt?

Nedda (commossa):
   Silvio!

Nedda (leise, heimlich):
   Silvio!

Silvio:
   Nedda, Nedda, rispondimi
   s'è ver che Canio non amasti
   mai,
   s'è vero che t'è in odio
   il ramingar e'l mestier che tu
   fai,
   se l'immenso amor tuo una fola
   non è

Silvio:
   Nedda, o gib mir Antwort
   jetzt:
   Kannst du denn achten deinen
   rohen Gatten?
   Wenn nicht, mußt du dich
   trennen!
   Fliehe zu Silvio, o sieh mich
   entbrennen,
   Dich zu beschirmen treu und
   fromm.
   Zög're nicht, Nedda, komm,

MUSIKALISCHE ERLÄUTERUNGEN

Doch zu diesem Schritt ist Nedda noch nicht bereit:

(17)

»Non mi tentar...« fleht sie (deutsch mit »Nein, schone mein!« recht unglücklich wiedergegeben), sie fürchtet sich noch vor dem schwerwiegenden Schritt, der sie aus langgewohnter Umgebung reißen würde.

1. AKT / 3. SZENE

questa notte partiam! fuggi,
fuggi con me!

Nedda:
Non mi tentar!… Vuoi tu
perder la vita mia?

Diese Nacht laß gemeinsam
uns fliehn,
Liebste, komm!

Nedda:
Nein, schone mein! Willst des
Lebens Ruh' du mir stören?

MUSIKALISCHE ERLÄUTERUNGEN

Doch in immer leidenschaftlicheren Tönen versichert sie Silvio ihrer Liebe, dichter wachsen die Stimmen zueinander, ineinander, werden zum echten, äußerst melodischen Duett. Doch Neddas Entscheidung fällt nicht. Enttäuscht beginnt Silvio, an ihrer Zuneigung zu zweifeln. Während sie ihm neuerlich ihre wahre Liebe beteuert, schleicht Tonio heran, erfaßt sogleich die Situation und eilt in die Taverne, um Canio zu holen.

1. AKT / 3. SZENE

Taci Silvio, non più… È delirio
è follia!…
Io mi confido a te a te cui diedi
il cor;

non abusar di me del mio
febbrile amor!
Non mi tentar! Pietà di me!
Non mi tentar! E poi…
Chissà!… meglio è partir.
Sta il destin contro noi. È vano
il nostro dir!

Eppure dal mio cor strapparti
non poss'io,
vivrò sol dell'amor ch'hai
destato al cor mio.

(*Tonio appare dal fondo*)

Silvio:
    No, più non m'ami!

Nedda:
    Che!…

Tonio (*suono soffocato*):
    Ah! T'ho colta, sgualdrina!
    (*si allontana dal sentiero
    minacciando*)

Schweig Geliebter,
Und doch darf ich schwören:
Dich nur lieb' ich heiß,
Dir vertraut' ich mich an.
Sieh meines Herzens Not:
Ach wend' dich nie von mir,
Denn, sieh', es wär' mein Tod!
Bestürme nicht mein wehrlos
Herz,
Erbarm dich mein!
Wie ich dich lieb', weißt du
allein.
Für dich gäb' ich mein Leben
hin;
Doch heischt mein Los: immer
weiter zieh'n.
Die Meinen rufen mich, mich
rufen ernste Pflichten.
Ich darf mit dir nicht fliehen,
müßt' ich uns Beide ewig
zugrunde auch richten!

(*Tonio erscheint lauschend im
Hintergrund*)

Silvio:
    Tot ist deine Liebe!

Nedda:
    Gott!…

Tonio (*unterdrückt*):
    Ah! die Buhlen gefangen!
    (*schleicht sich leise wieder
    hinweg*)

MUSIKALISCHE ERLÄUTERUNGEN

Motiv Nr. 3 beherrscht die Szene, bevor Silvio zu einer neuen ariosen Kantilene ansetzt:

(18)

1. AKT / 3. SZENE

Silvio:
Più non m'ami!

Nedda:
Sì, t'amo! t'amo!…

Silvio:
E parti domattina?

(*amorosamente cercando ammaliarla*)
E allor perchè, di', tu m'hai stregato
se vuoi lasciarmi senza pietà?!

Silvio:
Du liebst mich nimmer!

Nedda:
Ich lieb' dich ewig!

Silvio:
Und willst nicht mit mir fliehen?
(*schmeichelnd, mit gedämpfter Stimme*)
Warum denn hielt'st du mich sehnend umfangen,
Schenkst du nicht Mitleid meinem Verlangen?

Und nun, überwältigt von Sehnsucht und Zärtlichkeit, ist Nedda entschlossen zur Flucht, die Kette der aufeinanderfolgenden Liebesmelodien reißt nicht ab:

(19)

Zuletzt beide Stimmen, innig verschlungen:

(Notenbeispiel Seite 78)

1. AKT / 3. SZENE

Quel bacio tuo perchè me l'hai
dato
fra spasmi ardenti di voluttà ?!

Se tu scordasti l'ore fugaci
io non lo posso, e voglio ancor
que'spasmi ardenti, que' caldi
baci
che tanta febbre m'han messo
in cor!

Nedda (*vinta e smarrita*):
Nulla scordai sconvolta e tur-
bata
m'ha questo amor che nel
guardo ti sfavilla!
Viver voglio a te avvinta,
affascinata,
una vita d'amor calma e
tranquilla!
A te mi dono; su me solo
impera.

Ed io ti prendo e m'abbandono
intera!…

Warum so glühend die Lippen
mir küssen,
Wenn wir für immer doch
scheiden müssen?

Wenn du bereust die seligen
Stunden,
Da sich zum Herzen das Herz
gefunden.
Ich kenn' nicht Reue, kein fei-
ges Zagen,
Für dich will das Leben selig
ich wagen!

Nedda (*überwältigt*):
Nein, keine Reu' kein Zagen,
kein Bangen,
Hängt doch an dir, o Freund,
mein höchstes Verlangen!
Dir vereint, sinkt die Welt
In ein Meer der Liebe.

Bin zum Licht neu erwacht,
Weih' dir die höchsten Triebe!
Sieh mich, Geliebter, fügsam
deinem Willen,
Du nur kannst mein Sehnen,
die heißen Wünsche stillen.

MUSIKALISCHE ERLÄUTERUNGEN

(Fortsetzung des Notenbeispiels S. 80)

1. AKT / 3. SZENE

Tutto scordiam!

Wir sind vereint!

Silvio:
   Tutto scordiam!

Silvio:
   Wir sind vereint!

MUSIKALISCHE ERLÄUTERUNGEN

(20)

Die Stimmen klingen (in harmonischen Sextenparallelen) aus, als säßen die Liebenden in der Stille des trauten, ungefährdeten Heims und könnten einander ungefährdet ihre Wünsche und Träume offenbaren. In Wahrheit aber sind sie in einer gefährlichen Lage.

1. AKT / 3. SZENE

Nedda:
Tutto scordiam!

Silvio:
Tutto scordiam!

Nedda:
Negli occhi mi guarda!

Silvio:
Ti guardo

Nedda:
Baciami!
Tutto scordiamo.

Nedda:
Ewig nur dein!

Silvio:
Ewig nur dein!

Nedda:
Sieh mir selig ins Auge,
Dein Bild ist drin.

Silvio:
Ich seh' dir ins Auge,
mein Bild ist drin.

Nedda:
Küß fort die Tränen,
Geliebter, nimm ganz mich
hin!

MUSIKALISCHE ERLÄUTERUNGEN

1. AKT / 3. SZENE

Silvio:
  Ti bacio,
  tutto scordiamo!
  Verrai?

Nedda:
  Sì… Baciami!
  Sì, mi guarda e mi bacia!
  T'amo!

Silvio:
  Sì, ti guardo e ti bacio! T'amo!

Silvio:
  Küß fort die Tränen,
  Geliebte, nimm ganz mich hin!
  Du kommst?

Nedda:
  Ja, küsse mich!
  Schau mir treu in die Augen.
  Ewig dein!

Silvio:
  Schau mir treu in die Augen.
  Ewig dein!

MUSIKALISCHE ERLÄUTERUNGEN

Die beiden Liebenden verharren in langer Umarmung... Fast tonlos in Stimme und Orchester winkt Tonio seinen Patron näher.

Silvio spricht die Worte, die in der folgenden Komödie die Katastrophe auslösen werden:

(21)

Nedda erwidert: »A stanotte e per sempre tua sarò.« (»Diese Nacht denn und für ewig die Deine...«) Voll blüht das Liebesmotiv auf, das durch einen harten Schlag des Orchesters zerrissen wird. Canio ist plötzlich da.

SZENA IV	4. SZENE
Scena e finale I	Szene mit Finale I
(*Tonio e Canio compariscono dalla scorciatoìa*)	(*Tonio und Canio erscheinen am Eingang*)
Tonio (*ritenendo Canio*): Cammina adagio e li sorprenderai!	*Tonio* (*Canio zurückhaltend*): Schleich leise, Canio, Willst du sie überraschen.
Silvio (*che ha già metà del corpo dall' altro lato, ritenendosi al muro*): Ad alta notte laggiù mi terrò.	*Silvio* (*halb auf der Mauer*): Auf nächste Nacht denn… Dort unten erwart' mich.
(*scavalca il muro*) Cauta discendi e mi ritroverai.	(*die Mauer übersteigend*) Gleich bin ich drüben… Du weißt, wo du mich findest…
(*scompare al di là del muro*)	(*er ist nun hinter der Mauer*)
Nedda (*a Silvio che sarà scomparso di sotto*): A stanotte e per sempre tua sarò!	*Nedda* (*zu Silvio, der leise verschwand*): Diese Nacht denn und für ewig die Deine.
Canio (*che dal punto ove si trova ode queste parole, dà un urlo*): Ah!	*Canio* (*der, von der Stelle aus, wo er jetzt ist, diese Worte hört, stößt einen Wutschrei aus*): Ah!

Neddas Schrei folgt dem fliehenden Silvio, das Orchester malt die fieberhafte Erregung des Augenblicks, Neddas Ängste, aber auch Tonios Schadenfreude und haßerfüllten Triumph.

1. AKT / 4. SZENE

Nedda (si volge al grido e visto Canio dice rivolta al muro):

Fuggi!

> *(Canio si slancia verso il muro, Nedda gli si para dinnanzi. Breve lotta. Egli la respinge e scavalca il muro)*

Nedda (ascoltando ansiosa se ode rumore di lotta):
> Aitalo… Signor!

Canio (di dentro):
> Vile t'ascondi!

Tonio (con riso cinico):
> Ah! Ah! Ah!

Nedda (volgendosi a Tonio):
> Bravo! Bravo il mio Tonio!

Tonio (cinico):
> Fo' quel che posso!

Nedda:
> E quello che pensavo!

Tonio (con intenzione):
> Ma di far assai meglio non dispero!

Nedda:
> Mi fai schifo e ribrezzo!

Nedda (hört den Schrei, erblickt Canio und ruft rasch gegen die Mauer):
> Fliehe

> *(Canio will über die Mauer dem Flüchtling nacheilen. Nedda wirft sich ihm entgegen. Nach kurzem Ringen steigt Canio auf die Mauer und verschwindet)*

Nedda (ängstlich aufhorchend):

> Beschirm' ihn, großer Gott!

Canio (hinter der Mauer):
> Bube, steh Rede!

Tonio (zynisch lachend):
> Ha, ha, ha!

Nedda (zu Tonio):
> Bravo, du edler Tonio…

Tonio (zynisch):
> Ich tat, was ich konnte.

Nedda:
> Und ich durchschau' dich, Schurke!

Tonio (sie unterbrechend):
> Nun ich hoff', daß ich mehr Dir noch kann schaden.

Nedda:
> Wie ich dich tief verachte!

*Verzweifelt durch den Mißerfolg seiner Jagd, aufs Tiefste getrof-
fen, ist Canio zurückgekehrt. Das Orchester malt sein Keuchen,
aber auch seine wilde Entschlossenheit zur Rache. Seine erste
Frage nach dem Namen des Entflohenen sowie sein immer hefti-
geres Drängen trifft in Nedda nur auf feste Weigerung, die
Canios Raserei noch mehr anstachelt.*

*Er übernimmt eine drängende Phrase aus dem Prolog, be-
schwört in höchster Wut und Empörung Nedda, die in Schweigen
verharrt.*

1. AKT / 4. SZENE

Tonio:
Oh, non sai come lieto ne son!

(*Canio rientra in scena
scavalcando il muro ansante,
asciugandosi la fronte col
fazzoletto*)

Canio (*con rabbia concentrata*):
Derisione e scherno!
Nulla! Ei ben lo conosce quel
sentier.
Fa lo stesso;
(*Scordamente*)
poichè del drudo il nome
or mi dirai.

Nedda (*volgendosi*):
Chi?!

Canio (*scattando*):
Tu, pel padre eterno!…
(*cavando dalla cinta lo stiletto*)
E se in questo momento qui
scannata
non t'ho già

(*snudando il pugnale che ha
alla cintola*)
gli è perchè pria di lordarla
nel tuo fetido sangue, o
svergognata,
codesta lama, io vo' il suo
nome!… Parla!!

Tonio:
O wie Musik klingt's,
Wenn du mir fluchst!

(*Canio kommt, die Mauer
überkletternd, zurück, er
wischt sich mit dem
Taschentuch den Schweiß vom
Gesicht*)

Canio (*mit verhaltener Wut*):
Bei der Hölle Rache, nichts!
Der Schuft kennt die Wege
mehr als ich…
Mag's drum sein…
(*gedämpft*)
Nenn mir des Buben Namen;
Dann magst du geh'n…

Nedda (*sich umwendend*):
Ich?

Canio (*heftig*):
Du! beim ew'gen Gotte!

Wenn ich nicht im Moment,
Auf frischer Tat, dich
erwürgt'…

(*er zieht den Dolch aus dem
Gürtel*)
Nicht des Dolches Kling'
befleckte
Mit der Schändlichen
Herzblut,
So war's nicht Schonung:
Denn seinen Namen mußt' ich
erst wissen.
Nenn ihn!

MUSIKALISCHE ERLÄUTERUNGEN

*Canio stürzt sich auf sie, um sie zu erdolchen, doch Peppe, der
von allem Vorgefallenen nichts ahnt, wirft sich dazwischen.*

1. AKT / 4. SZENE

Nedda:
Vano è l'insulto. È muto il
labbro mio.

Canio (*urlando*):
Il nome, il nome, non tardare o
donna!

(*Peppe compare dalla sinistra*)

Nedda:
No, no, nol dirò giammai!

Canio:
Per la Madonna!
(*si slancia su Nedda, ma Peppe
lo ritiene e gli strappa il
pugnale che getta*)

Peppe:
Padron! che fate! Per l'amor di
Dio!
La gente esce di chiesa e allo
spettacolo
qui muove!… Andiamo… via,
calmatevi!…

Canio (*dibattendosi*):
Lasciami, Peppe! Il nome! Il
nome!

Nedda:
Magst du mir drohen;
Mein Mund bleibt fest
verschlossen.

Canio (*wütend*):
Den Namen, den Namen,
Mache schnell, sag den
Namen!

(*Beppo kommt von links*)

Nedda:
Nein! nicht bis zum Jüngsten
Tag!

Canio:
Nun bei der Hölle…
(*Er stürzt mit gezücktem Dolch
auf Nedda; Beppo entreißt ihm
die Waffe und schleudert sie
weit weg*)

Beppo:
O Meister, was tut Ihr?
Um der Liebe Christi,
Die Vesper ist beendet;
Seht, das Volk strömt schon
Zu unserm Schauspiel…
Kommt schleunig, rasch,
Beruhigt Euch!

Canio (*abwehrend*):
Laß mich nur, Beppo!…
Den Namen, den Namen!

Zu ungeheuer erregten Orchesterklängen suchen Tonio und Peppe Canio zu beruhigen, während dieser immer wieder schreiend den Namen von Neddas Geliebtem fordert. (Diese Stelle wird im zweiten Teil dann die entscheidende Parallele finden – ein glänzender dramaturgischer Kunstgriff.)

Tonio handelt mit vorgespielter Gelassenheit, hinter der sich ein Gefühl des Triumphs verbirgt. Er versichert Canio, der Flüchtige werde zurückkehren und auf diese Art in die Falle gehen. Nun gelte es, ruhig zu scheinen, als sei nichts geschehen.

1. AKT / 4. SZENE

Peppe:
Tonio vieni a tenerlo.

Canio:
Il nome!
(*Tonio va a prenderlo pel
braccio menandolo sul davanti
a sinistra*)

Peppe:
Andiamo, arriva il pubblico!
Vi spiegherete!
(*a Nedda, andando verso di
lei*):
E voi di lì tiratevi. Andatevi a
vestir…
(*spingendola verso il teatro*)
Sapete… Canio è violento, ma
buon!
(*entra con Nedda nel teatro*)

Canio (*stringendo il capo fra le
mani*):
Infamia! Infamia!

Tonio (*piano a Canio,
spingendolo sul davanti della
scena*):
Calmatevi padrone… È meglio
fingere;
il ganzo tornerà. Di me
fidatevi!
Io la sorveglio. Ora facciam la
recita.

Beppo:
Tonio, hilf Canio halten!

Canio:
Den Namen!
(*Tonio faßt Canio unter den
Arm und führt ihn gewaltsam
zur Linken*)

Beppo:
Jetzt Fassung! schon naht das
Publikum,
Später erfahrt Ihr…
(*langsam sich zu Nedda
wendend*)
Und Ihr, macht rasch,
Schnell kleidet Euch…
Zieht Euch für jetzt zurück…
(*Sie zum Theater drängend*)
Herr Canio, wisst Ihr, ist wohl
heftig,
doch gut…
(*Beppo tritt mit Nedda ins
Theater*)

Canio (*den Kopf zwischen den
Händen pressend*):
Verworf'ne! O Schande!

Tonio (*leise zu Canio, ihn von der
Szene drängend*):
Beruhigt Euch für jetzt, hört,
Ich bilde fest mir ein, der
Bursche kehrt zurück.
Gebt Euch in meine Hut…
Nicht aus den Augen
Lass' ich Eu'r Weib, vertrauet
mir!

Die Vorbereitungen zum Schauspiel werden getroffen wie immer. Tonio muß die große Trommel schlagen, das Publikum beginnt sich einzufinden und auf den Holzbänken vor dem noch geschlossenen Vorhang Platz zu nehmen.
Canio, dem Zusammenbruch nahe, sinkt vor dem Schminktisch nieder. Er muß, wie jeden Abend, den Bajazzo mimen, Theater spielen, den Hanswurst, den Komödianten, den Spaßmacher vortäuschen. Aus dieser grauenhaften Situation erwächst eine der berühmtesten Tenor-Arien aller Zeiten:

(22)

1. AKT / 4. SZENE

Chissà ch' egli non venga allo
spettacolo
e si tradisca! Or via. Bisogna
fingere
per riuscir!

(va verso il fondo)

*Peppe (esce di dietro alla
cortina)*:
　Andiamo, via, vestitevi
　padrone.
　*(fa per allontanarsi poi si vol-
　ge a Tonio)*
　E tu batti la cassa, Tonio

*(escono entrambi girando
dietro il teatro)*

Canio:
　Recitar! Mentre preso dal
　delirio
　non so più quel che dico e quel
　che faccio!
　Eppur è d'uopo sforzati!

Wer weiß! kommt er ins
Schauspiel,
So verrät er sich! Haltet Euch
tapfer,
Denn seht: nur wenn wir ruhig
sind,
Wird er gefangen.
(Tonio geht nach hinten)

Beppo (kommt von hinten):
　Was ist das Herr? O kleidet
　Euch…
　Ihr wankt ja!
　*(Beppo wendet sich im
　Abgehen zu Tonio)*
　Und du
　Schlag auf die Trommel,
　vorwärts.
　*(Tonio und Beppo ab hinter die
　Bühne)*

Canio:
　Jetzt spielen, wo mich Wahn-
　sinn umkrallet…
　Wo kaum ich weiß zu
　stammeln, noch klar zu sehen!
　Und doch: es muß sein,
　Das Schicksal will's!

Eine rezitativische Einleitung. »Bist du denn ein Mensch?« *Ein furchtbares Lachen jagt die Stimme erstmals in die Höhe.* »Nein, bist nur Bajazzo!«:

(23)

»Vesti la giubba...« beginnt die eigentliche Arie, deutsch irreführend »Hüll dich in Tand«. (In Wahrheit: in das Gewand des Harlekins, des Spaßmachers, des Komödianten, des Bajazzo...)

(Notenbeispiel Seite 98)

1. AKT / 4. SZENE

Bah
(*Con ira*)
sei tu forse un uom?

(*sghignazzando con dolore*)
Tu se' Paglìaccio!
(*stringe disperatamente il capo
fra le mani*)

Bah,
(*mit Selbstironie*)
bist du denn ein Mensch?

(*Bitter lachend*)
Bist nur Bajazzo!
(*verzweifelt den Kopf mit den
Händen fassend*)

MUSIKALISCHE ERLÄUTERUNGEN

(24)

(Fortsetzung des Notenbeispiels S. 100)

1. AKT / 4. SZENE

Vesti la giubba e la faccia infarina.	Hüll dich in Tand nur und schminke dein Antlitz;
La gente paga e rider vuole qua.	Man hat bezahlt ja, will lachen für sein Geld.
E se Arlecchin t'invola Colombina,	Du bist Hanswurst, und raubst du Colombine,
ridi, Pagliaccio… e ognun applaudirà!	Schreit man: Bajazzo, der kennt den Lauf der Welt.
Tramuta in lazzi lo spasmo ed il pianto;	Die vielen Tränen, die im Spiel wir verhüllen,
in una smorfia il singhiozzo e il dolor…	Geknicktes Hoffen, manch todeswunde Herz,
Ah! Ridi Pagliaccio, sul tuo amore infranto!	Ah lache, Bajazzo schneid die tollsten Grimassen:

(25)

Ein erschütterndes »document humain«, das die Rolle des Schauspielers aufzeigt – oder jedes in der Öffentlichkeit agierenden Menschen – der seinen wahren Seelenzustand nicht offenbaren darf. Diese Bajazzo-Arie, von einem bedeutenden Tenor gesungen, einem Sänger mit der oft genannten »Träne in der Stimme« bleibt unvergeßlich: Caruso war ihr berühmtester Interpret.

Noch lange zittert im Orchester die tiefe Erregung nach, bevor langsam der Vorhang fällt.

1. AKT / 4. SZENE

Ridi del duol che t'avvelena
(*singhiozzando*) il cor!

Kennst kein Gefühl, bist nur
ein Spielzeug (*schluchzend*)
zum Scherz!

(*muove lentamente verso il teatrino piangendo; però giunto
presso alla cortina, che mena all'
interno delle scene, la respinge
violentemente come se non
volesse entrare; poi preso da un
nuovo accesso di pianto, riprende
il capo fra le mani celandosi il
volto, rifà tre o quattro passi verso la cortina, dalla quale si era al-
lontanato con rabbia, e su questi
accordi entra e scompare.*)

(*In langsamer Bewegung, wei-
nend, schreitet Bajazzo zu seiner
kleinen Bühne, bis hart an deren
Vorhang, welcher hinter die Szene führt. Aber ihn schaudert. Er
läßt die Eingangsgardine heftig
fallen, als möge er nicht eintreten. Dann besinnt er sich, faßt mit
den Händen an seinen Kopf und
tritt endlich entschlossen ein.*)

MUSIKALISCHE ERLÄUTERUNGEN

»Cavalleria rusticana« besitzt ein »Intermezzo«, vor allem wohl zu dem wichtigen Zweck, die beiden Teile des Werkes nicht durch eine wirkliche Zäsur zu trennen: gäbe es das Intermezzo nicht, dann könnte, ja müßte man das Werk als zweiaktig klassifizieren, und damit wäre eine Teilnahme am Sonzogno-Wettbewerb unmöglich gewesen und ebenso die Aussicht auf den Preis und mit diesem wieder die siegreiche Verbreitung um die Welt. Warum hingegen Leoncavallo ein Intermezzo schrieb, ist nicht so klar. Wenn es nicht nur des berühmten Vorbildes wegen geschah, so kann der Sinn des sehr kurzen Musikstücks nur in einer Erhöhung der Spannung des Zuschauers liegen. Wird die im ersten Akt eingeleitete, dramatisch sehr geschickt vorbereitete Tragödie nun eintreten, werden Canio und Nedda nach dem endgültigen Zerwürfnis nun eine Ehekomödie spielen können?

Die musikalische Substanz des Intermezzos ist gering. Sie besteht in der Hauptsache aus der breiten lyrischen Kantilene, die im Prolog einen Höhepunkt bildete – von uns als Nr. 7 zitiert – und nun in rein instrumentaler Form erklingt. Von Des-Dur ist sie hier nach (dem helleren) E-Dur gerückt und klingt eher wie die Einleitung zu einem Schauspiel als ein musikalisches Abbild seelischer Probleme, durch das sie im Prolog beeindruckte. Echte, starke Theatermusik, typische italienische Oper.

INTERMEZZO

INTERMEZZO

MUSIKALISCHE ERLÄUTERUNGEN

Der Abend sinkt herab, auf dem Platz ist inzwischen alles für eine Wandertruppe eingerichtet: die noch mit einem Vorhang geschlossene kleine Bühne, Sitzreihen und Bänke für die Zuschauer, die zum Teil schon Platz genommen haben. Die gleiche heisere, verstimmte Trompete, die den Einzug der Komödianten in das Städtchen ankündigte und begleitete, erklingt wieder, irgendwo schlägt Tonio auf die große Trommel, um dem ganzen Ort den Beginn des »spettacolo« mitzuteilen. Streicherläufe im Orchester imitieren die rege Bewegung, das Hin- und Herwogen des Publikums. Frohe, erwartungsvolle Rufe tönen über den Platz und verdichten sich, wie im Ersten Akt, zu einem Chor. Tonio, nun ebenfalls im Clownskostüm, nur um weniges »gewöhnlicher« als jenes, das Canio in der letzten Szene des Ersten Akts anlegte, spielt sozusagen den Hausherren, begrüßt Ankommende, kündigt baldigen Beginn an. Sich möglichst unbemerkt in die Menge mischend, sieht man Silvio, der trotzdem hier und dort erkannt und begrüßt wird. Die Musik untermalt und unterstreicht dies alles, sie bringt Phrasen und Motive aus dem Ersten Akt, ergeht sich auch hier wieder in halbtönigen Rückungen, setzt H-Dur und C-Dur eng nebeneinander, ist bunt und lärmend, ganz wie die Szene, die sich vor dem Theaterchen im Dorf abspielt. In ihrer Kunstlosigkeit liegt ihre Kunst, in diesem Abbild echten Lebens – und der unteren gesellschaftlichen Schichten –, das den Themenkreis des »verismo« liefert.

2. AKT / 1. SZENE

# ATTO II	# II. AKT

<table>
<tr>
<td>

SCENA I

Tonio compare dall' altro lato del teatro con la gran cassa e va a piazzarsi sull' angolo sinistro del proscenio del teatrino. Intanto la gente arriva da tutte le parti per lo spettacolo e Peppe viene a mettere dei banchi per le donne.

</td>
<td>

1. SZENE

Beppo kommt aus dem Theater, die Trompete blasend, Tonio folgt und schlägt wie in der ersten Szene des ersten Aktes die große Trommel, sie postieren sich in der linken Ecke des kleinen Bühnenproszeniums. Unterdessen strömt von allen Seiten das Volk herbei, um dem Schauspiel beizuwohnen. Beppo stellt für die Frauen Bänke auf.

</td>
</tr>
<tr>
<td>

Coro (di dentro dal fondo):

    Ohe! Ohe!
    (I primi bassi entrano dalla sinistra e vanno verso le donne soprani I. seguiti dai II. tenori, soprani II, bassi.)

</td>
<td>

Chor (hinter der Szene von der Mitte):

    Hoheh! Hoheh!
    (Die ersten Bässe treten von der Linken auf und nehmen gegenüber dem 1. Sopran, gefolgt vom 2. Tenor, 2. Sopran und 2. Bass, Aufstellung)

</td>
</tr>
<tr>
<td>

Donne:
    Presto, affrettiamoci
    compare,

</td>
<td>

Frauen:
    Vorwärts!
    Doch seht euch vor,
    Drängt euch nicht so,
    's ist Platz für alle.

</td>
</tr>
<tr>
<td>

Uomini:
    Presto! Presto!

</td>
<td>

Männer:
    Eilt euch! Vorwärts!

</td>
</tr>
<tr>
<td>

Donne:
    Presto, affrettiamoci; svelto,
    compare.

</td>
<td>

Frauen:
    Herrlich, das Schauspiel sehn,
    Bleibt nicht so ferne,
    Ruhig, immer weise,
    Schlimm ist's Gedränge.

</td>
</tr>
</table>

MUSIKALISCHE ERLÄUTERUNGEN

2. AKT / 1. SZENE

Uomini:
  Presto, affrettiamoci
  compar,

Männer:
  Nur frisch heran,
  Auf unsern Platz.

Tonio:
  Avanti, avanti!

Tonio:
  Herbei, herbei, zum Spiele!

Donne:
  chè lo spettacolo
  dee cominciare.

Frauen:
  Wenn Colombine weint,
  Das sieht man gerne!
  Nur fein geduldig sein,
  Platz gibt's in Menge!

Uomini:
  O Dio che correre
  per giunger tosto!
  Dee lo spettacolo cominciar.

Männer:
  Wer Glück im Suchen hat,
  Find't seinen Herzensschatz!
  Wann endlich fängt der Zauber
  an?

Tonio:
  Si dà principio!

Tonio:
  Gleich wird begonnen!

Donne:
  Presto compari ci affrettiam.

Frauen:
  Ihr hört, gleich fängt das
  Schauspiel an.

Uomini:
  Dee lo spettacolo cominciar.

Männer:
  Dann schweigt, damit man
  hören kann.

Tonio:
  Si dà principio,
  avanti, avanti!

Tonio:
  Schnell noch herbei,
  Gleich schellt's zum Anfang!

Uomini:
  Veh, come corrono
  le bricconcelle!

Männer:
  Nein, seht die Jugend,
  Wie sie sinnlos drängt und
  Späße macht.

MUSIKALISCHE ERLÄUTERUNGEN

2. AKT /1. SZENE

Tutti:
Che correre mio Dio!

Uomini:
Accomodatevi
comari belle.

(*Silvio arriva dal fondo e va a
pigliar posto sul davanti a
sinistra, salutando gli amici*)

Tonio:
Pigliate posto!

Tutti:
Cerchiam o posto!
Ben sul davanti.
Cerchiam di metterci
ben sul davanti.
chè lo spettacolo
dee cominciare.
Spicciatevi!
Via su spicciatevi,
incominciate.
Perchè tardate? Siam tutti là.

Tonio:
Avanti, avanti!
(*Tonio va di dietro al teatro
portando via la gran cassa;
Peppe va a piazzare le donne
che si disputano pei posti*)

Alle:
Bei Gott, das ist zu viel!

Männer:
Nur sacht,
Es lacht am besten, wer am
letzten lacht.
(*Silvio erscheint im
Hintergrund, geht quer über
den Platz und nimmt zur
Linken vorn Stellung,
nachdem er die Freunde
begrüßt hat.*)

Tonio:
Nehmt ein die Plätze!

Alle:
Längst sind wir fertig.
Wollt ihr uns foppen?
Seit einer Ewigkeit
Laßt ihr uns harren,
Euer Spectacolo hält uns zu
Narren.
Beeilt euch doch!
Was nur noch
Zögert ihr,
Frisch zu beginnen?
Wenn ihr noch lange macht,
Gehn wir von hinnen.

Tonio:
Herbei, herbei, zum Spiele!
(*Tonio geht ins Theater
zurück, die große Trommel
tragend. Beppo bemüht sich
den streitenden Frauen Plätze
zu schaffen*)

MUSIKALISCHE ERLÄUTERUNGEN

2. AKT / 1. SZENE

Donne:
Ma non pigiatevi:
fa caldo! Su!
Su: Peppe aiutaci! Peppe!

Uomini:
Veh, si accapigliano!
chiamano aiuto!

Donne:
Su, su v'è posto accanto!

Uomini:
Sedete, via senza gridar.

Altre Donne:
V'è posto accanto!

Altre:
Ma non pigiatevi.
(*Silvio passa a destra vedendo
Nedda che gira col piatto per
incassare, e le va incontro*)

Uomini:
Sedete, via, senza gridare!

Peppe:
Sedete, via, senza gridar!

Frauen:
Hier fehlen Sitze noch,
Gebt euch zufrieden doch,
Und heiß ist's! Ah… Luft!
Komm Beppo, steh' uns bei!
Beppo!

Männer:
Seht nun gar raufen sie.
Halt! Streit gemieden!

Frauen:
Wir nahmen hier zuerst Platz!

Männer:
Setzt endlich euch und haltet
Ruh!

Andre Frauen:
Nein, hart daneben sind eure
Sitze!

Andre:
Wir sitzen schon zu eng.
(*Hier betritt Silvio von rechts
die Bühne; als er Nedda mit
dem Teller einkassierend
erblickt, die sich umdreht, geht
er auf sie zu*)

Männer:
Schweigt endlich still
Und haltet Ruh'!

Beppo:
Nehmt dorten Platz und seht
still zu.

MUSIKALISCHE ERLÄUTERUNGEN

Bei einer fast unmerklichen Verlangsamung des musikalischen Flusses, doch mit dem gleichen Thema kommt es zu einem leisen Wortwechsel Silvios mit Nedda, die durch die Reihen geht – schon als Colombine gewandet –, um das Eintrittsgeld entgegenzunehmen. Sie mag musikalisch ganz unbedeutend sein, diese zögernde Zurücknahme des Tempos, aber man spürt in ihr unwillkürlich eine Bedeutung, die dem übrigen Geschehen dieser Volksszene nicht anhaftet.

Gleich ist das Gemurmel der Zuschauer wieder da als Zeichen der Ungeduld, das Spiel möge endlich beginnen – ein Spiel, sonst nichts. Peppe (Beppo), bereits als Arlecchino, als Harlekin, gewandet, beschwichtigt noch einmal die Neugierigen und zieht sich dann gleich mit Nedda, der Colombine des nun erwarteten Spiels, hinter den Vorhang zurück, während das Drängen der Menge durch das Orchester immer heftiger unterstrichen wird.

2. AKT /1. SZENE

Silvio (*piano a Nedda, pagando il posto*):
Nedda!

Nedda:
Sii cauto! Non t'ha veduto.

Silvio:
Verrò ad attenderti. Non obliar.

(*Nedda si allontana raccogliendo il prezzo dei posti*)

Tutti:
Suvvia! spicciatevi! Perchè indugiate?
Incominaciate!

Peppe:
Che furia! Diavolo!
Prima pagate! Nedda,
incassate.

Tutti:
Di quà! di quà! di quà!

(*Peppe entra nel teatrino seguito da Nedda*)

Perchè tardar?
Spicciate, incominciate.
Suvvia questa commedia!

Silvio (*leise zu Nedda, als sie an ihm vorüberkommt*):
Nedda!

Nedda:
Sei wachsam, er brütet Rache!

Silvio:
Schon gut! doch harr' ich dein,
Sei pünktlich da!
(*Nedda schreitet beim Einsammeln noch immer von einer Gruppe zur andern*)

Alle:
Fangt endlich an! Worauf noch warten?

Beppo:
Beim Teufel! Seht ihr nicht:
Erst müßt ihr zahlen!
Nedda kassiert noch!

Alle:
Nun wohl! So nimm!
Und mach mit dem Geschäft
Nun bald ein End'.
(*Nachdem Nedda noch mehrfach Geld genommen, geht sie mit Beppo hinter die Bühne ab.*)
Schnell, schnell zum Anfang!
Wer nur begreift,
Daß sie nicht spielen wollen?
Vielleicht man lernt noch
Heimlich an den Rollen!
Fahr' hin, Geduld!

MUSIKALISCHE ERLÄUTERUNGEN

Endlich, unter allerlei Zurufen, die sich zu erwartungsvollen Schreien steigern, und während das Orchester fast festlich das immer wieder gebrachte Thema der erwartungsvollen Menge im »fortissimo« spielt, öffnet sich der kleine Vorhang vor dem Theaterchen, auf dem sich nun während einer knappen halben Stunde ein nicht vorgesehenes blutiges Schauspiel unauslöschlich in die Gemüter der einfachen Zuschauer aus dem Städtchen Montalto graben wird.

Es beginnt mit der netten Szene, die wohl allabendlich vor anderem Publikum die Zuschauer zu erfreuen pflegte die hübsche Colombine harrt, zur Musik eines (absichtlich) nicht sonderlich kunstvollen Menuetts, auf ihren Liebhaber:

(26)

2. AKT / 2. SZENE

Facciam rumore

diggià suonar
ventitrè ore!
Allo spettacolo
ognuno anela!…

(*lunga e forte scampanellata
all'interno del teatro*)
Ah! S'alza la tela!
Silenzio! Olà!

Macht Lärm mit Händ' und
Füßen!
Und prellt man uns,
Soll es die Bande büßen…
Um ist die Zeit,
Poltert und schreit.
Macht endlich Ernst,
Lasset seh'n den Anfang!
(*Langes, starkes Klingeln im
Innern des Bühnentheaters*)
Ah! 's hebt sich der Vorhang!
Seid stille, ganz stille!
O seht, jetzt fängt man an!

Commedia

Die Komödie der Colombine

SCENA II
*La tela del teatrino si alza. La sce-
na, mal dipinta, rappresenta una
stanzetta con due porte laterali ed
una finestra praticabile in fondo.
Un tavolo e due sedie rozze di pa-
glia son sulla destra del teatrino.
Nedda in costume da Colombina
passeggia ansiosa.*
(*All' aprirsi della tela Colombina
è seduta presso il tavolo e di tanto
in tanto volge degli sguardi impa-
zienti verso la porta a destra*)
(*Colombina si alza, va a guardare
alla finestra e poi torna sul davanti passegiando come inquieta*)

2. SZENE
*Der Vorhang der kleinen Bühne
öffnet sich. Ein ärmliches Ge-
mach mit zwei Seitentüren und
einem Fenster im Hintergrund.
Ein Tisch und zwei Strohstühle
sind das ganze Mobiliar. Nedda
im Kostüm der Columbine.*

(*Colombine sitzt unruhig am
Tisch und richtet von Zeit zu Zeit
erwartende Blicke auf die Türe
zur Rechten*)
(*Sie erhebt sich, sieht erwartend
aus dem Fenster, dann wendet sie
sich und macht hastende Schritte
umher*)

MUSIKALISCHE ERLÄUTERUNGEN

Sie scheint unruhig, blickt des öfteren durchs Fenster, erklärt den Zuhörern, daß sie einige Stunden allein sei, da Bajazzo, ihr Gemahl, erst am späten Abend heimzukehren gedenke. Und um die Lage auch dem einfältigsten Zuschauer recht klar zu machen, setzt sie zwei Worte über den von ihr gründlich verachteten Taddeo hinzu, den Tölpel der im Privatleben Tonio heißt. Die Musik nimmt keinen Anteil an den Wandlungen ihrer Gefühle, sie verbleibt im hübschen Menuett, das Takt und Rhythmus nicht verändert.

Da wird ein Saiteninstrument von der Seite her hörbar, es mag eine Gitarre, eine Laute, vielleicht eine volkstümliche Mandoline gemeint sein. Sie klimpert Einleitungstakte (auf den »leeren« Saiten: G-D-A-E), schraubt auch eine anscheinend zu niedrig gestimmte Saite hinauf. Nedda ist nun voll freudiger Erwartung, ihr sehnlich erwarteter Harlekin kündigt sich durch eine Serenata an. Aus dem Publikum werden einige freudige Zustimmungsrufe hörbar: das ist eine Situation, die jeder Mensch in Montalto versteht:

(Notenbeispiel S. 118)

2. AKT / 2. SZENE

Colombina (Nedda):
 Pagliaccio, mio marito,
 a tarda notte sol ritornerà.

 (*torna a sedere con
 impazienza*)
 (*Colombina si alza e viene sul
 davanti*)
 E quello scimunito
 di Taddeo perchè mai non è
 ancor qua?

Colombine (Nedda):
 Bajazzo, mein Gemahl,
 Weilt fern meiner Schwelle,
 Kehrt erst heim zur Nacht!
 (*setzt sich ungeduldig wieder
 hin*)
 (*erhebt sich und kommt nach
 vorn*)
 Und dieser träge Schlingel, der
 Taddeo,
 Wo nur bleibt er,
 Was er wohl macht?

Serenata

Ständchen

(*Colombina udendo il
pizzicato fa un' esclamazione
di gioia e corre verso la
finestra senza aprirla*)

(*Colombine hört
Gitarrenklänge und läuft mit
lauter Freude an das Fenster
ohne es zu öffnen*)

Colombina:
 Ah!

Colombine:
 Ah!

Arlecchino (Peppe, di dentro):

*Harlekin (Beppo, hinter der
Szene):*

MUSIKALISCHE ERLÄUTERUNGEN

(27)

*Kein Wunder, daß freundlicher Beifall dieses Liedchen belohnt –,
alles läuft so ab wie wohl täglich.*

2. AKT / 2. SZENE

O Colombina, il tenero
fido Arlecchin…

è a te vicin!
Di te chiamando,
e sospirando aspetta il poverin!
La tua faccetta mostrami,
ch'io vo' baciar
senza tardar
la tua boccuccia.
Amor mi cruccia e mi sta a
tormentar!

O Colombina schiudimi
il finestrin,
che a te vicin
di te chiamando
e sospirando è il povero
Arlecchin!
A te vicin, è Arlecchin!

O Colombine, hör' den treuen
Harlekin,

Lasse sein Lied zärtlich zu dir
ziehn…

Laß dich die Klage seines
Herzens rühren,
Zeig' dein holdes Antlitz,
Reich' den Mund zum Kuß,
O zög're nicht
Daß ich an liebesbittern
Qualen
Nicht sterben muß!
Schenk', Liebste, mir Gehör,
O Colombine!
Öffne mir dein Fensterlein,
Ich bin dir nah',
Laß mich herein,
ach, armer Harlekin,
Er schmilzt vor Liebe hin.
Ich bin dir nah', Harlekin!

MUSIKALISCHE ERLÄUTERUNGEN

Das Orchester lenkt wieder ins Menuett zurück, während Colombina ihrem Harlekin das vereinbarte Zeichen durch das Fenster gibt.

Doch statt des ersehnten Harlekins tritt Taddeo ein, der unbeholfene, grobe Tonio. Ihn musikalisch zu zeichnen, greift Leoncavallo zu plumpen Mitteln: tiefen Trillern, die seine Erregung ausdrücken sollen, grotesken Koloraturen, mit denen er seiner Bewunderung für Colombina Ausdruck geben will. Kein Zweifel, er ist in sie verliebt. Das Publikum biegt sich vor Lachen: ha, ha, welch lächerlicher Bewerber! Auch das versteht jedes Kind in Montalto.

2. AKT / 2. SZENE

Colombina (*ridiscende la scena*):
  Di fare il segno convenuto
  appressa
  l'istante, ed Arlecchino
  aspetta!

  (*Colombina siede di nuovo al
  tavolo*)
  (*Tonio sotto le spoglie del
  servo Taddeo schiude la porta
  e si arresta a contemplar
  Nedda*)

Colombine (*nach vorn
kommend*):
  Das wohlbekannte sich're
  Zeichen
  Zu geben, beeil' ich mich,
  Doch, Harlekin, gut
  aufgepaßt!
  (*Colombine setzt sich von
  neuem an den Tisch*)
  (*Tonio in den Kleidern des
  Dieners Taddeo öffnet die Tür
  und bleibt, Nedda verzückt
  betrachtend, stehen*)

Scena comica

Komische Szene

Taddeo (*Tonio, tragicamente con
affettazione*):
  È dessa!
  (*levando le mani ed il paniere
  al cielo*)
  Dei, come è bella!

Taddeo (*Tonio, tragikomisch*):

  Sie selber!
  (*den Korb mit den Händen zum
  Himmel hebend*)
  Götter, wie schön!

Pubblico (*ridendo*):
  Ah! ah! ah!

Publikum (*lachend*):
  Ha! ha! ha!

MUSIKALISCHE ERLÄUTERUNGEN

Es unterliegt keinem Zweifel, daß Taddeo an diesem Abend besonders gut spielt –, nur ahnt es das Publikum freilich nicht. Hat er doch kurze Stunden zuvor diese groteske Szene im Ernst erlebt, als er, Tonio, sich endlich einmal der Gattin seines Patrons nähern, ihr seine Liebe erklären konnte – und grausam zurückgewiesen wurde... Nun soll er die Szene im Spiel wiederholen.

Colombina-Neddas Antwort läßt auch nichts an Deutlichkeit zu wünschen übrig: »Sei tu, bestia?« hat sie bei seinem Eintritt ausgerufen und die deutsche Übersetzung »Bist du's Dummkopf?« klingt viel zu sanft: »bestia« als übles Wort für Tier, Scheusal, Unmensch klingt viel härter.

Die Szene ist bewußt lächerlich: Colombine, die immer wieder nach konkreten Auskünften fragt – und sie auch von Taddeo ordnungsgemäß erhält: der Kauf eines Huhnes, der Preis dafür –, aber von den Liebesbeteuerungen dieses Verehrers ärgerlich nichts wissen will:

(Notenbeispiel S. 124)

2. AKT / 2. SZENE

Taddeo:
Se a la rubella
io disvelassi
l'amor mio che commuove fi-
no i sassi!
Lungi è lo sposo.
Perchè non oso?
Soli noi siamo
e senza alcun sospetto! Orsù.
Proviamo!
(*lungo sospiro comico ed
esagerato*)
Ah!
(*mormorio di sorriso fra il
pubblico*)

Colombina (*volgendosi senza
levarsi*):
Sei tu, bestia?

Taddeo (*immobile*):
Quell'io son, sì!

Colombina:
E Pagliaccio è partito?

Taddeo:
Egli partì!

Colombina:
Che fai così impalato?
Il pollo hai tu comprato?

Taddeo (*con comica eleganza*):
Eccolo, vergin divina!

Taddeo:
Den Aufruhr möcht' ich dir
schildern,
Den die Lieb' in meinem
Herzen angerichtet!
Ach dürft' ich sprechen,
So wie ich wollte,
Doch bin ich zaghaft,
Ob ich es wagen sollte!
Wohlan! versucht sei's!
(*langer komisch affektierter
Seufzer*)
Ah!
(*Das Publikum murmelt
lachend*)

Colombine (*wendet sich um, ohne
sich zu erheben*):
Bist du's, Dummkopf?

Taddeo (*ganz unbewegt*):
Meint Ihr mich? Ja!

Colombine:
Ist mein Mann wirklich fort?

Taddeo:
Ich sah ihn geh'n…

Colombine:
Was stehst du so und gaffest?
Sag', – kauftest du das Huhn
denn?

Taddeo (*mit komischer
Affektation*):
Seht nur her, himmlisches
Wesen:

MUSIKALISCHE ERLÄUTERUNGEN

(28)

2. AKT / 2. SZENE

(*si mette in ginocchio offrendo il paniere*)

(*er kniet nieder und präsentiert den Korb*)

Ed anzi, eccoci entrambi ai
piedi tuoi!
Poichè l'ora è suonata o
Colombina

di svelarti il mio cor. Di',
udirmi vuoi?
Dal dì…

Vorerst doch…
Sieh' mich hier liegen
Zu deinen Füßen!
Diese Stunde ist heilig,
O Colombine,
Ich enthüll' dir mein Herz!
Sprich! Werd' ich erhört?
Als ich…

Colombina (*interrompendolo*):
    Quanto spendesti dal trattore?

Colombine (*ihn unterbrechend*):
    Sagst du nun endlich,
    Was du zahltest?

(*gli strappa il paniere, lo
depone sul tavolo, poi va verso
la finestra e l'apre facendo un
segno*)

(*Colombine reißt ihm den
Korb aus der Hand, stellt ihn
auf den Tisch, geht dann zum
Fenster, öffnet es und macht
ein Zeichen.*)

Taddeo:
    Uno e cinquanta. Da quel dì il
    mio core…

Taddeo:
    Einundeinhalb nur…
    Doch ich sprach ja
    Vom Herzen, wie es leidet…

Colombina (*presso alla tavola*):
    Non seccarmi Taddeo!

Colombine (*wieder am Tisch*):
    Hört der Unsinn jetzt auf?

Die Musik aber bleibt komödienhaft, neutral gewissermaßen, wodurch Taddeos Worte paradox werden: so, wenn er von der Tugend Colombinas schwärmt, über jeden Verdacht einer Untreue erhaben, nur mit der Reinheit frischgefallenen Schnees zu vergleichen...

Die Zuschauer auf den Holzbänken amüsieren sich köstlich. Sie werden im Verlauf des Spiels noch oft lachen, bis hart an den grausamen Ausgang, nicht selten auch an »falschen« Stellen, wie jedes primitive Publikum. Doch vergessen wir eines nicht: sie sehen ja nur, was sich auf der kleinen Bühne abspielt, von den vorgehenden Szenen, die ein böses Ende ahnen lassen, weiß ja nur das »große« Publikum im Theater, nicht das »kleine« in Montalto – ein theatralisch glänzender »Trick« Leoncavallos. Dieses weiß nicht, daß die hier »gespielte« Szene ihren ganz gleichen Vorgang im »Leben« hatte. Nur ist es diesmal nicht Neddas Peitsche, die Taddeo/Tonio aus seiner hoffnungslosen Schwärmerei reißt, sondern ein Fußtritt des eingetretenen Harlekins, der den lästigen »Nebenbuhler« hinauswirft. Und der macht – nicht im Leben, sondern hier im Stück – gute Miene zum bösen Spiel, segnet die Liebenden und verspricht, über sie zu wachen –, unter großem Gelächter und Applaus der Kleinstädter und Bauern von Montalto di Calabria... Ein lustiges Stück!

2. AKT / 2. SZENE

Taddeo (con intenzione):

So che sei pura,
(*esagerato*) sei pura
e casta al par di neve!

(*intanto Arlecchino scavalca
dalla finestra, depone la
bottiglia che ha sotto al
braccio e va cautamente dietro
a Taddeo*)

E ben che dura ti mostri, ad ob-
liarti non riesco!

*Arlecchino (afferrando per
l'orecchio Taddeo e dandogli un
calcio):*
Va a pigliar fresco!
(*Risata del publico dopo la
parola di Arlecchino*)

*Taddeo (declamato
comicamente):*
Numi! S'aman!
(*ad Arlecchino*)
m'arrendo ai detti tuoi.
(*stendendo le mani*)
Vi benedico!
(*retrocedendo verso la porta*)
Là veglio su voi! (*esce dalla
porta a destra*)
(*Il pubblico ride ed applaude*)

*Taddeo (mit Beziehung,
ironisch):*
Du bist die Tugend selbst.
Du bist die Reine,
(*übertrieben*) die Keusche,
Bist, ach, die eine,
Weiß wie Schnee, … der frisch
gefallen…,
(*Hier steigt Harlekin durchs
Fenster herein, setzt eine
Weinflasche, die er bei sich im
Arm trug, auf die Erde und
schleicht sich leise hinter
Taddeo.*)

Mögst du so bleiben,
Ein Beispiel allen bleiben,
An das Verleumdung sich
nicht waget.

*Harlekin (faßt den Taddeo bei
den Ohren und wirft ihn mit
einem Fußtritt zur Türe):*
Wag du dich weiter!
(*Gelächter der Zuschauer bei
Harlekins Wort.*)

Taddeo (komisch pathetisch):
Götter, sie liebt ihn!
(*zu Harlekin*) Seht, wie ich
mich bescheide;
(*die Hände wie segnend
erhebend*)
Ich segn' euch beide,
(*gegen die Tür schreitend*)
So! Ich räum' das Feld euch!
(*er geht rechts ab*)
(*Das Publikum lacht und
applaudiert*)

Und vergnüglich geht es auch weiter: das Erscheinen Harlekins verspricht eine Liebesszene.

Die Musik einer Gavotte verleiht ihr genau die gewünschte Stimmung:

(29)

Denn man geht ja ins Theater, um in eine andere Welt versetzt zu werden. Keine bäuerliche, derbe, gewöhnliche Liebesszene also, sondern eine mit feinen Komplimenten, zierlichen Gesten, vielleicht Küßchen mit gespitzten Lippen...

2. AKT / 2. SZENE

Duettino	Duett

Colombina:
  Arlecchin!

Colombine:
  Harlekin!

Arlecchino (*guardandosi
amorosamente con affetto
esagerato*):
  Colombina! Alfin s'arrenda
  ai nostri prieghi amor!
  (*si stringono comicamente fra
  le braccia*)

Harlekin (*in verliebt
übertriebenem Ton*):
  Colombine!
  Heut' krönt der Himmel
  Der Liebe heißes Fleh'n.
  (*komische Umarmung*)

Colombina:
  Facciam merenda.
  (*prende dal tavolo due posate e
  due coltelli e poi mette il pollo
  in tavola mentre Arlecchino va
  a prender la bottiglia che ha
  lasciato entrando.*)
  Guarda, amor mio, che
  splendida
  cenetta preparai!

Colombine:
  Doch vorher vespern.
  (*Colombine nimmt aus der
  Tischschublade zwei Bestecke,
  deckt, trägt das Huhn auf, und
  Harlekin holt die Flasche vom
  Fenster*)
  Acht' wohl du süßer Mann,
  Wie gut ich dir das Mahl
  bereitet.

Arlecchino:
  Guarda, amor mio, che nettare
  divino t'apportai!

Harlekin:
  Und du denk', daß des Weines
  Geist
  Den Wert des Mahls bestreitet.

Le due:
  Ah! L'amore ama gli effluvii
  del vin, de la cucina!

Beide:
  Ah! Die Liebe mag nicht
  fasten,
  Sie schätzt, was gut und teuer!

(*sedendo a tavola*)

(*setzen sich einander
gegenüber zu Tisch*)

Arlecchino:
  Mia ghiotta Colombina!

Harlekin:
  Ein Leckermäulchen bist du…

Zuletzt gibt Harlekin seiner Geliebten ein Fläschchen: einen starken Schlaftrunk, der den Gatten die von beiden geplante Flucht nicht bemerken lassen soll. Verständnisvolle Blicke, Lächeln unter den männlichen Zuschauern von Montalto. Sie vergessen gerne, daß sie heute wohl zum großen Teil eher die Rolle des Ehemanns spielen müßten – aber früher einmal, da waren sie Harlekin...

Taddeo stürzt herein, zitternd an Stimme und Körper warnt er die Liebenden: Bajazzo kehre unvermutet zurück, wild nach einer Waffe rufend, da er alles endeckt habe... Ha, jetzt wird's aufregend! Lachen über den scheinbar vor Angst schlotternden Taddeo, der sich rasch verbirgt, Spannung, Neugier auf die Lösung der verzwickten Lage... Harlekin schwingt sich aufs Fenstersims, hat aber noch Zeit, der Geliebten die baldige Anwendung des Schlaftrunks bei ihrem Gatten zu empfehlen.

2. AKT / 2. SZENE

Colombina:
  Amabile beone!

Arlecchino:
  Colombina!
  (*si servono scambievolmente*)

Arlecchino (*prende una boccetta
che ha nascosto nella tunica*):
  Prendi questo narcotico:
  dallo a Pagliaccio pria che
  s'addormenti,
  e poi fuggiamo insiem!

Colombina:
  Sì, porgi!

Taddeo (*entra fingendo tremare
esageratamente*):
  Attenti!…
  Pagliaccio… è là… tutto
  stravolto… ed armi
  cerca! Ei sa tutto.
  (*urlando*) Io corro a
  barricarmi!
  (*entra precipitoso a sinistra e
  chiude la porta. Il pubblico
  ride*)

Colombina (*ad Arlecchino*):
  Via!
  (*Arlecchino va alla finestra e
  la scavalca*)

Colombine:
  Du liebst des Weines Feuer!

Harlekin:
  Ich lieb' dein Feuer!
  (*sie bedienen sich gegenseitig*)

Harlekin (*nimmt ein Fläschchen
unter dem Gewand hervor*):
  Gib, Geliebte, von diesem
  Trank
  Deinem Mann ein wenig;
  Wenn er schlummert, flieh'n
  wir.
  Erwacht er, sind wir weit…

Colombine:
  Ich… versteh' dich!

Taddeo (*sich aufgeregt zitternd
stellend*):
  He, hollah! Bajazzo! er naht,
  Ganz außer Fassung, er sucht
  nach Waffen,
  Weiß schon alles!
  (*heulend*) Schnell will ich
  mich verbergen…
  (*Geht links ab und schließt die
  Tür. Das Publikum lacht.*)

Colombine (*zu Harlekin*):
  Eil dich.
  (*Harlekin schwingt sich aufs
  Fensterbrett*)

131

MUSIKALISCHE ERLÄUTERUNGEN

Es ist auch noch gerade Zeit, um Nedda die fatalen Worte sprechen zu lassen (wobei das Orchester die Liebesmelodie Nr. 3 leise erklingen läßt): »A sta notte... E per sempre io saró tua!« (»Auf die Nacht denn.... und für ewig bin ich Deine!«)

(30)

Das »große« Publikum erschrickt wohl: es sind genau die letzten Worte des Liebesduetts im ersten Akt zwischen Nedda und Silvio, bevor der rasende Canio sie überraschte. Für das »kleine« Publikum von Montalto ist es ein zärtlicher Abschied zweier Liebender, die sich nach baldiger Vereinigung für immer sehnen. Bajazzo aber erinnert sich, fällt für einen Augenblick aus seiner Rolle. Doch gleich wieder faßt er sich, schlüpft gewissermaßen in seine Rolle zurück: »Ein Mann war hier bei dir!« spielt er – und lebt es zugleich.

2. AKT / 2. SZENE

SCENA E DUETTO FINALE	SZENE UND DUETT FINALE
Arlecchino (*comparendo dall' altro lato dice*): Versa il filtro nella tazza sua! (*scompare*) (*Canio sotto le spoglie di Pagliaccio entra dalla porta a destra*)	*Harlekin* (*bereits von außen*): Gieß den Saft alsbald in sein Getränk! (*verschwindet*) (*Canio als Bajazzo tritt von der linken Türe ein.*)
Colombina (*alla finestra*): A stanotte… E per sempre io sarò tua!	*Colombine* (*am Fenster*): Auf die Nacht denn… Und für ewig… bin ich die Deine!
Canio (*a parte*): Nome di Dio!… quelle stesse parole! (*avanzandosi per dir la sua parte*) Coraggio! (*forte*) Un uomo era con te.	*Canio* (*für sich*): Bei allen Heil'gen! Es sind g'nau jene Worte! (*geht vor, um seine Rolle weiter zu spielen*) Nur Mut jetzt! (*heftig*) Ein Mann war hier bei dir!

Nedda erwidert mit den Worten der Komödie: »Ihr träumt wohl? Seid berauscht gar?« Bajazzo greift das Wort auf und fällt wieder aus der Rolle: »Ja... seit jener Stunde!« Nedda überhört die Anspielung, spricht den vorgeschriebenen Text weiter. Auch Canio versucht es, wird durch sein Bajazzokostüm immer wieder erinnert, daß er Theater zu spielen habe. Das Orchester mahnt ihn ebenfalls daran, denn es setzt beharrlich das Menuett fort, das nur kurz unterbrochen war und eine neue Melodie begonnen hat:

(31)

2. AKT / 2. SZENE

Nedda:
  Che fole! Sei briaco?

Canio (*serio*):

  Briaco! sì…
  (*fissandola con intenzione*)

  da un'ora!

Nedda:
  Tornasti presto.

Canio (*con intenzione*):
  Ma in tempo! T'accora?
  T'accora,

  (*con ira*)
  dolce sposina!!
  (*cercando ancora frenarsi*)
  Ah! sola io ti credea
  e due posti son là.

Nedda:
  Ihr träumt wohl? Seid
  berauscht gar?

Canio (*krampfhaft an sich
haltend*):
  Berauscht? Ich?
  Ja. (*sie anstierend, mit
  Beziehung*)
  Seit jener Stunde!

Nedda:
  Ihr kamt schnell wieder…

Canio (*mit Beziehung*):
  Zur Zeit grad.
  Was quält dich? Du sorgst
  dich,
  (*mit Ingrimm und Ironie*)
  Süße Gefährtin!
  (*kaum noch sich zügelnd*)
  Ah! dennoch nicht alleine?
  Denn für zwei ist gedeckt!

Sie klingt so spielerisch, zierlich elegant wie die gesamte Komödienmusik, läßt die Hörer nicht ahnen, wie überstürzt sie sich der unvorhergesehenen Katastrophe nähern. Taddeo sei ihr Speisepartner gewesen, versichert Colombine, läßt die Beteuerung durch diesen bestätigen, der vorschriftsgemäß schauspielerisch zittert.

Wieder lachen die Zuschauer auf den Holzbänken über diese faustdicke Lüge, die Canio-Bajazzo beschwichtigen soll. Aber der weiß ja die Wahrheit und fällt aus der Rolle, was die begleitende Melodie nur wenig stocken und in dissonantere Harmonien gleiten läßt.
Canio schreit auf – die Zuschauer auf den Holzbänken finden, er spiele glänzend, und wissen nicht, daß es für ihn nun nicht mehr Spiel ist, sondern grausame Wahrheit – im Stück wie im Leben will er nur noch eines: »Den Namen, den Namen!« Nedda ahnt Entsetzliches, lacht aber, wie in der Komödie von ihr verlangt, bei dieser wild hervorgestoßenen Forderung ihres Partner-Gatten: »Di chi?« (»Von wem?«) Canio dringt auf sie ein, viel viel härter als es die Komödie erforderte:

(Fortsetzung des Notenbeispiels S. 138)

2. AKT / 2. SZENE

Nedda:
Con me sedea
Taddeo che là si chiuse per
paura!
(*andando verso la porta*)
Orsù, parla!…

Tonio (*di dentro, fingendo di
tremare, ma con intenzione*):
Credetela! Credetela! Essa è
(*esagerato*)
pura!
E abborre dal mentir quel
labbro pio!…

Tutti:
Ah! ah! ah!

Canio (*rabbioso al pubblico*):
Per la morte!
(*a Nedda*)
Smettiamo! Ho dritto anch'io
d'agir come ogn'altr'uomo. Il
nome suo…

Nedda:
Di chi?

Canio:
Vo' il nome dell'amante tuo,

Nedda:
Taddeo war der Zweite,
Er hat sich dort aus Furcht
verschlossen.
(*an der Tür horchend*)
Hör an. sprich jetzt!

Tonio (*von innen, zitternde Angst
nachahmend, mit Beziehung*):
O glaubet ihr! sie lüget nicht.
Sie ist (*übertrieben*) rein,
engelsrein!
Der Mund, er wär' verflucht,
Der anders spricht.

Alle:
Ha! ha! ha!

Canio (*entrüstet ins Publikum*):
Bei der Hölle!
(*zu Nedda*)
Laß gehn nur.
Nun ist's genug.
Ich spiel' mit Höllenqualen.
Den Namen sag!

Nedda:
Von wem?

Canio:
Jenen Namen muß ich wissen
jetzt,

(32)

(Das Motiv ist im Prolog aufgetaucht, wo man seine Bedeutung – die bohrende, quälende Eifersucht – noch nicht ahnen konnte.)
Für einen kurzen Augenblick vermag Nedda die Szene noch einmal in die Komödie zurückzuretten. Die scherzende Stimme kann ihre Angst nur mühsam übertönen. Es nützt nichts mehr. Nicht Bajazzo steht nun vor ihr, der Komödienpartner, Canio ist es, ihr betrogener Ehegatte:

(Fortsetzung des Notenbeispiels S. 140)

2. AKT / 2. SZENE

del drudo infame a cui ti desti
in braccio,
o turpe donna!

Des Schurken, der dich
meinem Arm entrissen.
O falsche Teuf'lin!

Nedda (*scherzando*):
  Pagliaccio! Pagliaccio!

Nedda (*lächelnd*):
  Bajazzo! Bajazzo!

Canio:
  No! Pagliaccio non son; se il

Canio:
  Nein, bin Bajazzo nicht bloß!

MUSIKALISCHE ERLÄUTERUNGEN

(33)

2. AKT / 2. SZENE

viso è pallido,	Wohl ist mein Antlitz bleich;
è di vergogna, e smania di vendetta!	Doch blick' ich schmerzenreich: Die Scham ist's, sie ringt nach Rache!
L'uom riprende i suoi dritti, e il cor che sanguina vuol sangue a lavar l'onta, o maledetta!…	Als Mensch jetzt fordr' ich meine Rechte; Erlag auch mein Glück dem Schlag, Kann Blut doch die Ehre sühnen, Kann löschen die Schmach!
No, Pagliaccio non son!… Son quei che stolido ti raccolse orfanella in su la via quasi morta di fame, e un nome offriati, ed un amor ch'era febbre e follìa!	Nein, Bajazzo, nun nicht mehr! Ein armer Tor war ich, der im Elend Die Waise fand an der Straße, Der voll Schonung die Herkunft Mit seinem Namen deckt, Der heiß dich liebte Mit rührender Güte.
(*cade accasciato sulla sedia presso al tavolo*)	(*sinkt erschöpft in den Stuhl am Tisch*)

Unsagbare, entmenschlichte Wut steht in seinem Gesicht, auf dem die weiße Schminke zu zerrinnen beginnt. Wild schreit auch das Orchester auf, wird immer rasender. Der Musikdramatiker Leoncavallo weiß mit einfachen Mitteln zu steigern, gibt Canios Gesangsmelodie ergreifende Ausbrüche, packende Höhepunkte, die mit fast gesprochenem, tränenersticktem Flüstern abwechseln. Eine gewaltige Theaterszene, bei der auch die in Todesangst versetzte Nedda nicht gleichgültig bleiben darf. Und ebensowenig das Publikum, die einfachen Bürger und Bauern von Kalabrien. Sie erschauern vor solchem hier wohl noch nie erlebten Realismus auf der Bühne.

Frauen schreien, brechen in Tränen aus, Männer springen auf, blicken einander befremdet an.

Silvio schwankt, ob er er nicht zur Bühne vordringen, Nedda zu Hilfe kommen solle.

Auf dem kleinen Theater richtet der rasende Canio sich noch einmal auf, als flehe er den Himmel an, alles möge nur Täuschung gewesen sein, eine (letzte) große Belcanto-Melodie entströmt seiner Kehle:

(Fortsetzung des Notenbeispiels S. 144)

2. AKT / 2. SZENE

Donne:
Comare, mi fa piangere!
Par vera questa scena!

Frauen:
Wie spielt er? Mir wird
schauerlich!
Wie wahr die düst're Szene.
Ist's Spiel nur?

Uomini:
Zitte laggiù.
Che diamine!

Männer:
Still, seid doch still!
Zum Henker auch!

Silvio (a parte):
Io mi ritengo appena!

Silvio (für sich):
Ich halt' mich kaum gefaßt
noch…

Canio:
Sperai, tanto il delirio

Canio:
Ich wünscht', ach, daß im
Fieber

(34)

Und wie auf jeder italienischen Provinzbühne bricht das Publikum nach dieser »Arie« in donnerndes »Bravo« aus, sogleich von Nedda unterbrochen, die nun ebenfalls die Komödie vergessen hat und die ersehnte Gelegenheit zur Trennung gekommen glaubt.

2. AKT / 2. SZENE

accecato m'aveva
se non amor, pietà… mercè!
Ed ogni sacrifizio
al cor lieto, imponeva,
e fidente credeva
più che in Dio stesso in te!

Ma il vizio alberga sol ne
l'alma tua negletta:
tu viscere non hai… sol legge è
il senso a te!

Va, non merti il mio duol,
o meretrice abbietta,
vo' ne lo sprezzo mio
schiacciarti sotto i pie'!!

*La folla (quasi gridato, con
entusiasmo):*
    Bravo!

Nedda (fredda, ma seria):
    Ebben se mi giudichi
    (affettando calma)
    di te indegna, mi scaccia in
    questo istante.

Ich irrig gesehen!
Wenn nicht die Lieb', so
dacht' ich doch,
Sollt' Mitleid und Schonung
dich
Mit mir verbinden.
So fest war mein Glaube
An dein schuldlos Herz!
Vorbei!
Jetzt hat das Laster dich
umgarnt,
Dein Leichtsinn spielt
schrecklich
Mit den heiligsten und reinsten
Gefühlen.
Geh! zu schlecht meinem
Schmerz
Bist du! Du wardst zur Dirne!
Mein Fluch folgt dir, wo du
auch bist,
Für deine Tat!

*Die Menge (ganz aufgeregt,
schallend laut):*
    Bravo!

Nedda (kalt, ernst):
    Nun wohl! Wenn du sagst,
    (Ruhe heuchelnd)
    Daß ich deiner unwert,
    So weise mir die Tür!

Das facht Canios Wut nur noch mehr an, es geht ihm ja nicht darum, die Ungetreue zu verstoßen: er muß Rache nehmen, grausamste Rache...Den Namen, vor allem den Namen ihres Liebhabers muß er wissen: fast schon im Delirium schreit er diese Forderung heraus.

Ein allerletzter Rettungsversuch Neddas, die kaum noch eine Möglichkeit des Entrinnens sieht: zurück in die Komödie. Das Orchester stimmt die harmlose Gavotte (Nr. 29) wieder an: Aufatmen geht durch das »kleine« Publikum. Die Melodie erklingt nun um einen halben Ton tiefer als vorher, dunkler gewissermaßen, und in überaus dramatischer Instrumentation:

(35)

Nedda flüchtet – man hört, wie schwer es ihr nun schon fällt, die Komödie weiter zu spielen – in die Verharmlosung der Wahrheit: ja, Harlekin sei bei ihr gewesen, aber der sei nun wirklich kein Liebhaber, auf den Bajazzo eifersüchtig sein müsse.

2. AKT / 2. SZENE

Canio (sogghignando):
Ah! ah! meglio chiedere
non dei che correr tosto al caro
amante.
Se' furba! No! per Dio! Tu
resterai…

e il nome del tuo ganzo mi
dirai!!

Canio (bitter auflachend):
Ja, so!
Damit du g'radeswegs von
hier
Zu deinem Buhlen könntest
laufen!
Wie listig! Nein! Bei Gott!
Du bleibst, Verworfne…
Den Namen deines Buhlen
will ich wissen!

*Nedda (cercando di riprendere la
commedia sorridendo
forzatamente):*
Suvvia, così terribile
davver non ti credea!
Qui nulla v'ha di tragico

vieni a dirgli o Taddeo
che l'uom seduto or dianzi a
me vicino
(*andando verso la porta*)

era… il pauroso ed innocuo
Arlecchino!

*Nedda (wieder in die Rolle
übergehend, scherzend mit
leichtem Spott):*
Nein!
Nein, so schlimm ist Manches
nicht,
Man muß das Beste hoffen!
Als just du kamst, wen denkst
du wohl,
Wen bei mir du fast getroffen?
(*gegen die Tür gehend*)
Zeug', Taddo, wen ich
verleugnet!
Er ist als Galan zu nüchtern…
Es war ja unser Harlekin,
So unschuldsvoll wie
schüchtern.

Doch der spielt die Komödie nicht weiter, vor seinen Gedanken steht längst nicht mehr Harlekin, sondern jener Fremde, den er mit seiner Gattin überraschte. Erste Sturmläufe des Orchesters zerreißen die sinnlos gewordene Gavotte: »Den Namen, den Namen!!« Nun schreit Nedda auf, in Trotz und Angst: nein, nie werde sie, so sehr sie auch schuldig sein mag, den Namen dessen preisgeben, den sie liebt:

(Fortsetzung des Notenbeispiels S. 150)

2. AKT / 2. SZENE

(risa tra la folla tosto represse dall' attitudine di Canio)

(Gelächter in der Menge, welches aber vor Canios ernster Haltung verstummt)

Canio:
Ah! tu mi sfidi! E ancor non l'hai capita
ch'io non ti cedo? Il nome, o la tua vita!
Il nome!

Canio:
Ah! Willst du spotten?
Wir sind noch nicht zu Ende.
Mich willst du reizen?
Den Namen oder dein Leben!
Entscheide…

Nedda (prorompendo):
Ah! No, per mia madre!
Indegna esser poss'io,

Nedda (ausbrechend):
Ah! Nein, bei der Jungfrau!
Du darfst treulos mich schelten,

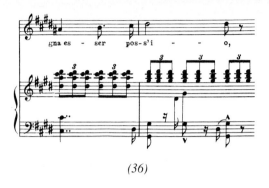

(36)

Nun ist das Publikum, die einfachen Männer und Frauen Kalabriens, kaum noch auf seinen Plätzen zu halten. Sie sind mitgerissen, wissen aber immer noch nicht sicher: gehört das zum Spiel? Ist die Komödie auf einmal Wirklichkeit geworden?

Tonio hält in bösartigster Schadenfreude Beppo-Harlekin zurück, der den völlig seiner Sinne beraubten Canio beschwichtigen will. Silvio drängt in entsetzlicher Angst der Bühne zu.

2. AKT / 2. SZENE

quello che vuoi, ma vil non
son, per Dio!

Voci fra la folla:
  Fanno davvero?
  Seria è la cosa?
  Zitti laggiù!
  Seria è la cosa e scura!

Silvio:
  Io non resisto più!
  Oh, la strana commedia!
  (*Peppe appare in fondo alla
  scena ritenuto da Tonio*)

Peppe:
  Bisogna uscire, Tonio.

Tonio (*ritenendo Peppe*):
  Taci sciocco!

Peppe:
  Ho paura!

Nedda:
  Di quel tuo sdegno è l'amor
  mio più forte!

Magst mich hassen,
Doch nie werd' ich
Verrät'rin…

Stimmen aus der Menge:
  Was wird er machen?
  Ernst wird die Sache!
  Schweiget doch still!
  Ernst wird das Schauspiel
  enden!

Silvio:
  Ich halt' mich länger nicht!
  O die herbe Komödie…!
  (*Beppo erscheint hinten, von
  Tonio zurückgehalten*)

Beppo:
  Zeit wär's zu gehen… Tonio.

Tonio (*Beppo zurückhaltend*):
  Dummkopf, schweige!

Beppo:
  Ich erbebe…

Nedda:
  Je mehr du schmähst,
  Je fester wird meine Liebe.

MUSIKALISCHE ERLÄUTERUNGEN

Nedda sucht einen Fluchtweg, Canio hat eines der Messer ergrif-
fen, die auf dem zum Abendessen gedeckten Tisch liegen. Er
kreist Nedda immer enger ein: »Den Namen, den Namen!!«

In ihren letzten Augenblicken wächst Nedda zu wahrer Größe
empor. Lieber sterben, als den Geliebten verraten. Wilde Rhyth-
men des Orchesters, Tumult unter den Zuschauern.

Das Orchester rast, die Aufregung im Publikum ist auf dem Sie-
depunkt: Canio ersticht Nedda in bewußtlosem, völlig sinnver-
wirrtem Toben. Und weiter rast das Orchester, geht in dichtestes,
engstes Tremolo in höchster Streicherlage über, als blieben die
Herzen stehen, krachende Bläserakkorde fallen wild dazwischen.

2. AKT / 2. SZENE

Non parlerò! No! a costo della
morte!

Canio:
   Il nome!

Nedda (sfidandolo):
   No!

Canio:
   Il nome! (*corre a prender il
   coltello sul tavolo*)

Silvio (sguainando il pugnale):

   Santo diavolo! Fa davvero…

pubblico:
   Ah!
   (*Tutti si levano in piedi,
   confusione generale*)
   (*Una parte delle donne fugge;
   alcuni contadini trattengono
   Silvio non sapendo spiegarsi il
   suo furore*)

   Che fai?

Peppe (*sempre trattenuto da
Tonio*):
   Che fai?
   (*Nedda vorrebbe fuggire verso
   il pubblico ma Canio l' afferra,
   la colpisce ripetutamente col
   coltello sulle parole: a te*)

Nun ist's genug:
Nein, und gält' es mein Leben.

Canio:
   Den Namen!

Nedda (herausfordernd):
   Nein!

Canio:
   Den Namen!
   (*Er springt zum Tisch und
   ergreift das Dolchmesser*)

*Silvio (seinen Dolch ziehend,
erregt)*:
   Bei allen Heiligen, er macht
   Ernst!

Publikum:
   Ah!
   (*Alles springt auf, in größte
   Verwirrung geratend*)
   (*Ein Teil der Frauen flieht,
   einige Freunde halten Silvio
   im Vordringen auf, da sie seine
   Aufregung nicht begreifen*)

   Was tust du?

Beppo (*von Tonio immer
zurückgehalten*):
   Was tust du?
   (*Nedda versucht vor Canio ins
   Publikum zu fliehen. Aber er
   holt sie ein, erfaßt sie und stößt
   ihr das Dolchmesser tief in den
   Rücken*)

MUSIKALISCHE ERLÄUTERUNGEN

Die sterbende Nedda ruft nach Silvio, der sich auf die Bühne schwingt, aber zu spät kommt, um die Tat zu verhindern. Plötzlich wird es klar im Kopfe Canios: er weiß, er hat den Mann vor sich, um dessen Namen er die Geliebte seines Lebens getötet. Und er sticht noch einmal zu – das Orchester im Fortissimo erinnert an das Drohmotiv (im Prolog und Nr. 32) – auch Silvio fällt seiner Raserei zum Opfer.

Das Publikum, dicht an der Bühne, verstummt in seinem Entsetzensschrei.

2. AKT / 2. SZENE

Canio:
A te! A te!

Nedda (grido):
Ah!
(*Nedda cade dando in un
rantolo*)

Peppe ed il pubblico:
Ferma! Ferma!

Donne:
Aita!

Canio:
Di morte negli spasimi lo dirai!

Nedda (in uno sforzo supremo):
Soccorso… Silvio!

Silvio:
Nedda!
(*Canio si volge al grido di
Silvio gli corre incontro e lo
ferisce al cuore*)

Canio:
Ah! Sei tu? Ben venga!

(*Silvio cade come fulminato
dando un rantolo.*)

Uomini:
Arresta!

Canio:
Nimm hin… für dich!

Nedda (aufschreiend):
Ah!
(*Nedda bricht röchelnd
zusammen*)

Beppo und das Publikum:
Halt ein! Halt ein!

Frauen:
Zu Hilfe!

Canio:
In deiner letzten Stunde, Weib,
gesteh!

*Nedda (mit übermenschlicher
Kraftanstrengung)*:
Zu Hilfe… Silvio!

Silvio:
Nedda!
(*Bei dem Namen »Silvio« wendet sich Canio blitzschnell um,
stürzt Silvio entgegen und ersticht ihn*)

Canio:
Ha! du bist's?
Gut so!
(*Silvio fällt sofort tot zu
Boden*)

Männer:
Nehmt fest ihn!

MUSIKALISCHE ERLÄUTERUNGEN

*Es blickt, während alle Klänge verebben, auf den völlig gebro-
chenen Canio, der im blutbespritzten Bajazzokostüm hilflos da-
steht, geistesabwesend, wie leblos. Einige denken noch an ein
fast unglaubhaft lebendiges Spiel. Männer nicken bedächtig: In
Kalabrien wird weiblicher Ehebruch so geahndet. Und doch:
furchtbar! Allen ist eiskalt in dieser warmen Augustnacht. Die
Frauen schluchzen, Erstarrung hat sich aller bemächtigt.*

*Canio ist zusammengebrochen, das Messer entgleitet seiner
Hand. Er hat sich gerächt, aber er hat das Liebste getötet, das er
im Leben besaß.*

*Noch einer hat sich gerächt: Tonio. Für die Zurückweisung, für
den Peitschenhieb. Er geht langsam an die Rampe vor und verkündet dem ängstlich zusammengedrängten Publikum mit beinahe tonloser Stimme: »La commedia è finita...« (»Das Spiel ist
aus...«). Mit machtvollen Klängen, majestätisch – denn die gelten der ewigen Majestät des Todes – fällt das Orchester ein. Es
spielt die Weise des »Lache, Bajazzo...« die unsterblich geworden ist.*

2. AKT / 2. SZENE

Donne:
  Gesummaria!

Frauen:
  Heiliger Gott!

(Canio come istupidito lascia cadere il coltello)

(La folla cerca disarmar Canio)

(Canio, nun wie versteinert ruhig, läßt die Mordwaffe zur Erde fallen)
(Die Männer umringen Canio, um ihn zu fassen und zu entwaffnen. Aber er steht wehrlos, gebrochen da. Mit scheuem Mitleid blickt man ihn an)

Tonio:
  La commedia è finita!

Tonio:
  Geht ruhig heim; das Spiel ist aus!

FINE DELL'OPERA

ENDE DER OPER

Inhaltserzählung

Der Oper geht ein »Prolog« voraus, dem in mehrfacher Beziehung eine größere Bedeutung zukommt als vielen sonst üblichen Ouvertüren. Wenn man ihn auch wohl nicht ganz als »programmatische Erklärung« des Verismus nehmen kann, als die er oft ausgegeben wird, so enthält er doch einige Gedanken über Theater und Schauspieler. So versucht er, Verständnis zu wecken für die wahren Gefühle der Akteure, die so oft Stimmungen vorzutäuschen haben, welche denen, die sie in Wahrheit empfinden, entgegengesetzt sind. Die Form, in der das geschieht, ist durchaus originell und wahrscheinlich erstmalig: Tonio, der »Bösewicht« der Komödiantentruppe, tritt, schon für seine Rolle gekleidet, aus einem Spalt des Vorhanges auf die Vorderbühne. Er begrüßt die Anwesenden mit einem höflichen »Signore! Signori!« (»Meine Damen und Herren!«) und beginnt seine Erklärungen: was die Zuschauer heute erleben sollten, sei – trotz der gewohnten Masken und Kleidungen ungezählter Harlekinkomödien – kein Spiel mit vorgetäuschten Empfindungen, falschen Seufzern und gekünstelten Tränen. Nein, heute greife der Autor tief hinein ins »wirkliche Leben« und bringe ein Drama auf die Bühne, das ihn vor Jahren, in seiner Jugend, tief erschüttert habe. Er appelliert an das Publikum um Verständnis für Gefühle des Komödianten: auch er sei ein Mensch mit den Gedanken und Empfindungen wie jeder andere. Und: die »Wahrheit« offenzulegen sei die Aufgabe des Autors.

Hier kann man allenfalls eine Prinzipienverkündung jener damals neuen Kunstrichtung sehen, die sich an die Stelle der jahrzehntelang vorherrschenden Romantik drängte; sie wollte das »wahre Leben« darstellen und den Zuschauer mit »echten« Szenen oder ergreifenden »Wahrheiten« erschüttern. Die Werke des Verismus, die bei den großen Franzosen Zola, Balzac, Flaubert beginnen und im Italiener Giovanni Verga einen besonders das Opernwesen beeinflussenden Nachfolger fanden, suchen Stoffe im Leben der untersten Volksschichten, deren Nöte, Leiden und Leidenschaften zum Hauptthema werden. Dies soll Tonios Prolog dem Publikum nahebringen; und da es gleichzeitig die Zielsetzung des Realismus, des Naturalismus und ihres besonders

musikalischen Bruders, des Verismus, ist, hat man in diesem
»Prolog« mehr gesehen als ein Bravourstück für einen hervor-
ragenden Bariton.

Tonio zieht sich – nach den traditionsgemäß hier eingelegten
Spitzentönen As und G – rasch zurück, der Vorhang öffnet sich,
und das »Spiel« beginnt wie in jeder anderen Oper auch. Ein süd-
italienischer Marktplatz – Leoncavallo hat ihn nachträglich für
den von Montalto di Calabria erklärt, in dem er sieben Jahre seiner Kindheit verbrachte –, Kleinstadtatmosphäre, Festtagsstim-
mung, Aufregung bei Groß und Klein rund um die Ankunft einer
Gauklertruppe, die sich mit einem Eselskarren Bahn durch eine
dichte, lärmende Menge bricht. Trompetenstöße, absichtlich rauh
und ein wenig verstimmt (um auch hier schon die »Echtheit« des
Geschehens zu unterstreichen), frohe, übermütige Ausrufe der
Hinzuströmenden, von denen (wiederum absichtlich) kaum ein
Wort zu verstehen ist, Begrüßungen, Beobachtungen, aus denen
allmählich ein Chor wird.

Canio wird sichtbar, das Oberhaupt der Komödianten; er kehrt
seine komische Seite hervor: grotesk schlägt er auf eine große
Trommel; grotesk bringt er seine Frage hervor, ob man ihn anhören wolle. Stürmische Heiterkeit antwortet ihm zustimmend.
Dann holt er zu einer Ansprache aus, in der immer noch viel gute
Laune liegt: ein großes Schauspiel bringe er mit seiner Truppe für
denselben Abend »a ventitrè ore« (was nicht wörtlich mit
»23 Uhr« übersetzt werden darf. Calabriens Uhren gehen anders;
unter »0« Uhr dürfte hier der Sonnenuntergang verstanden sein,
also etwa 9-10 Uhr abends, da es sich, laut Angabe des Textbuches, um den 15. August handelt). Canio ergeht sich in einer Aufzählung der Emotionen, die zu erleben sein werden, was freudige
Erregung unter den Bewohnern des Städtchens auslöst. Dann will
Tonio, häßlich und ein wenig verwachsen, in etwas weniger glän-
zendem Harlekinkostüm als Canio selbst, Nedda, der Gattin seines Prinzipals, galant aus dem Wagen helfen. Brüsk stößt Canio
ihn zur Seite. Die Umstehenden lachen, halten dies schon für einen Teil der Komödie und hören nicht, mit welch bitterem Ton-
fall Tonio mit Rache droht. Ein paar Landleute nähern sich Canio
und laden ihn zu einem Trunk in die Taverne ein. Peppes Stimme
wird aus dem Wagen hörbar; gerne will er ins Gasthaus mitge-
hen. Tonio hingegen lehnt ab, als Canio ihn fragt; er will später

„Der Bajazzo" im „Teatro Colón" von Buenos Aires, 1980

*Ein weiteres Szenenfoto aus der Inszenierung im Teatro Colón,
Buenos Aires, 1980*

INHALT

*Der „Bajazzo" in einer Aufführung der Staatsoper Wien.
Die Ankunft der Komödianten*

nachkommen. Einige der Männer machen sich lustig: gewiß wolle Tonio allein bei Nedda bleiben, um ihr den Hof zu machen. Alle lachen, auch Canio; aber auf seinem Gesicht erscheint ein seltsamer Ausdruck. Ein solches Spiel, setzt er, sehr ernst geworden, hinzu, solle man lieber nicht spielen. Das Theater sei nicht das Leben: auf der Bühne spiele er oft den Eifersüchtigen und wehre sich tölpelhaft gegen Neddas Liebhaber, um dann noch ausgelacht und unter dem Johlen des Publikums womöglich hinausgeprügelt zu werden. Canio wird immer ernster, er vergißt seine Umgebung: doch wehe, er fände seine Gattin einmal in Wirklichkeit untreu – es wäre unrettbar ihr Ende… Nein, »un tal gioco, credetemi, è meglio non giocarlo«, es wäre besser, ein solches Spiel nie zu versuchen! Erstaunt blicken ihn die Männer an, ihr Lachen ist eingefroren. Sofort kommt Canio zu sich: nein, nein, das sei ihm nur so eingefallen… Wenn sie nur wüßten, wie sehr er Nedda liebe! Und er geht auf sie zu und küßt sie. Bemerkt jemand, wie sie unter seiner Liebkosung zusammenzuckt?

Von allen Seiten werden Bläserfanfaren in den umliegenden Gassen laut, sie geleiten die Menge zur Kirche. Die Glocken haben eingesetzt und rufen zum Gottesdienst. Leoncavallo gestaltet sie zum großen Chor aus, einem der ausgedehntesten Stücke der Partitur. Das ganze Städtchen scheint auf den Beinen. Über dem gleichbleibenden Bim-bam der Männerstimmen intonieren die Frauen und Kinder eine möglicherweise alte süditalienische Melodie. Ein ähnlicher Chor aus Mascagnis »Cavalleria rusticana« stand hier zweifellos Pate.

Im Vordergrund ist die junge und schöne Nedda aus dem Wagen getreten. In ihrem Blick zittert noch die Angst vor Canios Brutalität und Drohung nach. Doch dann vertreibt sie die trüben Gefühle. Die Strahlen der Augustsonne stimmen sie weicher, Stille herrscht nun rundum. Canio sitzt in der Taverne, wie fast täglich in einem anderen Städtchen. Wohlig streckt sie ihre Glieder. In den Zweigen über ihr haben die Vögel ihr Nachmittagskonzert begonnen, dem Nedda froh lauscht und in das sie jubelnd einstimmt (»Vogellied«). Immer freudiger wird ihr Singen und immer unbeschwerter.

Dann tritt Tonio auf sie zu, nachdem er sie eine Zeitlang belauscht hat. Seit langer Zeit liebt und begehrt er sie; die Abende, an denen er auf der Bühne und nur dort ihr seine Anbetung zeigen darf, haben seine Leidenschaft ins Unerträgliche gesteigert. Nedda empfängt ihn verärgert: warum ist er nicht in die Taverne mit den anderen gegangen? Ihr Gesang habe ihn zurückgehalten, erklärt Tonio. Böse lacht Nedda ihn aus, seine flehende Stimme reizt sie zu noch härterem Ton. Doch Tonio verlegt sich aufs Bitten: warum glaubt Nedda seiner tiefen Liebe nicht? Er weiß, daß er, der Mißgestaltete, der Abstoßende, bei ihr, der Schönen, keine Hoffnungen hegen dürfe, aber einmal müsse er es ihr doch gestehen… »Daß du mich liebst?« lacht Nedda höhnisch. Das Duett steigert sich, Tonio, immer verzweifelter, bettelt um ein wenig Zärtlichkeit, wird aber unter Neddas zunehmend schroffer Ablehnung immer heftiger, immer fordernder, bedrängt sie, will sie umarmen, küssen. Nedda hat in der Not eine Peitsche ergriffen und läßt sie auf Tonio niedersausen. Der krümmt sich mit einem furchtbaren Schrei, weicht unter Racheflüchen zurück und verschwindet.

Fast unmittelbar darauf – vielleicht dramaturgisch ein wenig zu früh – taucht Silvio auf, ein junger Bauer und seit einiger Zeit Neddas heimlicher Geliebter. Er reist der Truppe nach, so oft er nur kann. Nun aber ist er gekommen, um eine Entscheidung herbeizuführen, Nedda endgültig zur gemeinsamen Flucht zu überreden. Sie schilt ihn unvorsichtig, sie um diese Zeit aufzusuchen. Doch er weiß Canio und Peppe im Wirtshaus. Und Tonio?, gibt Nedda zu bedenken. Verächtlich meint Silvio, dieser Tölpel bedeute keine Gefahr für sie. Da erzählt Nedda ihm die soeben durchlebte furchtbare Szene. Um so eher, knüpft Silvio an, müsse sie endlich seinem Drängen auf gemeinsame Flucht Gehör schenken. In einem längeren ariosen Gesang wiederholt er die wohl schon oft vorgebrachte Bitte. Doch in Nedda herrscht immer noch die Angst vor, trotz ihrer Liebe zu ihm; sie wagt den letzten Schritt noch immer nicht. Das überaus melodiöse Duett wogt lange unentschieden hin und her, bis Nedda, von Zärtlichkeit überwältigt, in den Fluchtplan einstimmt. Hier vereinigen sich die beiden Stimmen, drücken innigste Übereinstimmung aus.

Von der Seite sind Tonio und der von ihm herbeigerufene Canio für das Publikum, nicht für die Liebenden, sichtbar geworden. Canio vernimmt Silvios letzte Worte, auf die Nedda innig erwidert: »A stanotte…e per sempre… tua sarò…« (»Diese Nacht denn und für ewig die Deine!«)

*Der „Bajazzo" in der Deutschen Oper Berlin, 1976.
Szene aus dem I. Akt mit Lucy Peacock (Nedda) und
Ingvar Wixell (Tonio)*

Mit einem Schrei stürzt Canio aus dem Versteck. Nedda kann Silvio nur noch zurufen: »Fuggi!« (Fliehe!) Dann sieht man Canio vergeblich dem Jüngling nachstürzen; Tonio betrachtet Nedda schadenfroh, die ihn voll Verachtung anblickt. Als sie ihn beschimpft, zeigt ein einziger Satz, wie seine vorherige Liebe vollkommen in abgründigen Haß umgeschlagen ist: »Nun ich hoff', daß ich mehr Dir noch kann schaden.«

Canio ist zurückgekehrt, verzweifelt, gebrochen. Nur noch eines will er wissen: »Il nome!« (»Den Namen!«) Noch in derselben Nacht wird das Wort unheimliche Bedeutung erlangen. Nedda wehrt krampfhaft lächelnd ab: was will Canio wissen? Den Namen? Canio hat den Dolch gezogen; seiner kaum noch mächtig, gerät er in immer furchtbarere Erregung: wenn er sie nicht im Augenblick töte, nicht sofort ihr Herzblut verspritze, dann nur, um vorher noch den Namen ihres Liebhabers zu erfahren. Als Nedda zu Wort kommt unter dem Toben ihres Gatten, ist es nur, um ihm entgegenzuschleudern, daß ihre Lippen niemals etwas preisgeben würden. Wieder rast Canio: »Il nome! Il nome!« Und wieder weigert Nedda sich standhaft. Da stürzt Canio sich auf sie, doch Peppe hält ihn mit äußerster Kraft zurück. Die Menge strömt aus der Kirche, bald wird das kleine Theater rund um den Komödientenwagen sich füllen… Canio will sich mit aller Kraft losreißen, aber Peppe hält ihn eisern fest, Tonio kommt ihm zu Hilfe, sucht den Patron scheinheilig zu beruhigen – wahrlich nicht, um Neddas Leben zu retten: einen schlimmeren Tod wünscht er wohl heimlich für sie. Und so wirkt er auf Canio ein, versichert, der Bursche kehre bestimmt zurück und werde sich vermutlich unter das Publikum mischen; er wolle alles genau überwachen, nun aber gelte es, Komödie zu spielen, als sei nichts vorgefallen… Sie drängen Canio dazu, sich umzukleiden und zu schminken.

Dies ist der Augenblick des berühmtesten und stärksten Teils des Werkes. Aus Canios tiefster Verzweiflung gestaltet Leoncavallo, meisterlich in Wort und Melodie, sein großartigstes Musikstück, die Arie vom »lachenden Bajazzo«, vom erzwungen heiteren Spiel aus todwundem Herzen. Noch fast gesprochen beginnt es: »Recitar! Mentre preso dal delirio no so più quel que dico e quel che faccio!« In der meistgespielten deutschen Fassung: »Jetzt spielen, wo mich Wahnsinn umkrallt… wo kaum ich weiß zu stammeln, noch klar zu sehen!« Gleich darauf beginnt die Steigerung, der erste Spitzenton fällt auf den Aufschrei »Sei tu forse un uom?« (»Bist du denn ein Mensch?«), und mit dem schluchzenden, oft durch ein irres Lachen verstärkten Absturz der Stimme: »Tu se' Pagliaccio!« (»Bist nur Bajazzo!«) wird die Arienmelodie vorbereitet. »Vesti la giubba …« beginnt sie, was

Tonio (Ingvar Wixell) im II. Akt des „Bajazzo". Inszenierung der Deutschen Oper Berlin, 1976

mit »Hüll dich in Tand« nur unzulänglich übersetzt ist; richtiger (wenn auch silbenzahlmäßig kaum unterzubringen) wäre: »Zieh dein Narrenkostüm an!« Den Höhepunkt bildet Canios verzweifelter Schrei: »Ridi Pagliaccio... Sul tuo amore infranto!«, deutsch zumeist »Lache, Bajazzo, schneid die tollsten Grimassen...«; richtiger wäre: »Lache, Bajazzo, über deine zerstörte, zerbrochene Liebe…« Ein langes, schmerzliches Orchesternachspiel folgt auf den mit einem herzzerreißenden Schluchzer unterstrichenen Arienschluß und beendet den ersten Akt.

Das Orchester-Intermezzo ist wesentlich kürzer (und wohl auch unbedeutender) als jenes, mit dem Mascagni in seiner »Cavalleria rusticana« (allerdings innerhalb des gleichen Akts, da es ja nur den einen gibt) einen Zeiteinschnitt ausdrückt oder überbrückt. Es wird von jener Melodie getragen, die im Prolog zu Tonios Worten »E voi, piuttosto« (»O glaubt mir…«) erklingt und die hier in vollem Orchesterglanz leuchtet.

Bei Beginn des zweiten Akts ist es Abend geworden, vor dem Wagen der fahrenden Komödianten ist ein Zuschauerraum gestaltet, rund um eine kleine Bühne. Peppe, schon als Harlekin gekleidet, bläst auf einer primitiven Trompete, Tonio, ebenfalls bereits als Taddeo für das Spiel angezogen, schlägt eine große Trommel, um den baldigen Beginn des Spektakels anzukündigen. Langsam füllen die Sitze sich mit Zuschauern. Gemurmel und Unterhaltungen formen sich allmählich zum Chor, während Tonios einladende Stimme immer wieder Neuankommende auf ihre Plätze weist. Dann sieht man Nedda, die zwischen den Reihen hindurchgeht, um auf einem Teller Eintrittsgelder zu sammeln. Kurz wird Silvio sichtbar, dem es gelingt, sich in Neddas Nähe zu begeben und mit ihr einige Worte zu wechseln. Ein helles Glockenzeichen unterbricht den anwachsenden Lärm des neugierigen und ungeduldig werdenden Publikums.

Und dann beginnt die Komödie. Ein kleiner Vorhang wird vor der Bühne weggezogen, Nedda, nun als Colombine verkleidet, blickt zum gemalten Fenster hinaus und erklärt in einem Monolog zu liebenswürdiger Menuettmusik, ihr Gemahl Bajazzo sei bis zum späten Abend abwesend, und nun erwarte sie ihren Liebhaber Harlekin… Gleich darauf ertönt von draußen dessen Serenade zur Gitarre, ein nettes, eher harmloses Liebesliedchen, das glänzend zur bewußt in Rokokomanier gespielten Komödie paßt. Noch bevor Colombine dem harrenden Liebhaber das verabredete Zeichen geben kann, tritt Taddeo, der den Diener des Hauses spielt, in die Stube und bleibt, vom Anblick Colombines entzückt, unter seltsamen Trillern und Koloraturläufen wie angewurzelt stehen. Das Publikum bricht in Lachen aus: was für ein Tölpel, und bucklig scheint er auch zu sein! Ein wirklich lächerli-

Der „Bajazzo", II. Akt, mit Lucy Peacock (Nedda) und Ingvar Wixell (Canio). Deutsche Oper Berlin, 1976

cher Verehrer für die reizende Colombine! Taddeo nähert sich nun doch, rafft sich mühsam zu einer schüchternen Liebeserklärung auf. Doch bevor er mehr als drei Worte hervorbringen kann, schneidet Colombine ihm brüsk das Wort ab: »Bist du's, Dummkopf?« (Italienisch wesentlich gröber: »Sei tu, bestia?«) Sie hat ihn völlig aus dem Konzept gebracht, nun kann er nichts mehr als

Diener sein. Ja, Bajazzo sei aus dem Haus gegangen, bestätigt er. Warum er so blöd herumstehe, fragt Colombine verächtlich; und, ob er das Huhn gekauft habe? Ja – himmlische Schönheit! Er kniet vor ihr und öffnet den Korb, den er gebracht hat. Doch dabei übermannt es ihn wieder: er setzt seine unterbrochene Liebeserklärung fort. »Wie komisch er ist!« findet das Publikum. Es kann nicht ahnen, mit welcher wahren, verbissenen Lust Tonio-Taddeo diese Szene heute spielt! Er erinnert sich, daß er sie vor wenigen Stunden ernsthaft erlebte, und er ahnt, daß Nedda-Colombine nun für ihre schmähliche Zurückweisung furchtbar werde büßen müssen. Colombine unterbricht ärgerlich: wieviel er für seinen Einkauf bezahlt habe? »Einundeinhalb…«, stammelt Taddeo, setzt aber fort: seit langem liebe er sie… Colombine wird ärgerlich, so steht es ja in ihrer Rolle, die in ihren Worten merkwürdig mit dem Erlebnis vor wenigen Stunden übereinstimmt. Doch Taddeo, nun in einen nie gekannten Schwung gekommen, läßt nicht locker. Laut seiner Rolle hat er nun zu singen: »So che sei pura…« (»Du bist die Tugend selbst ...«). Das Publikum des kleinen Theaters auf der Bühne findet das durchaus in Ordnung, auch wenn es ja schon ahnt, daß die »anständige Gattin« einen Liebhaber zu erwarten scheint; für das Publikum des großen Theaters aber birgt dieser Satz bitterste Ironie, denn es hat, gerade wie Tonio-Taddeo, die große Liebesszene Neddas mit Silvio miterlebt. Und so spürt es den sarkastischen Unterton Taddeos noch viel schneidender: »Sei pura e casta al par di neve!« (»Du bist die Reine, die Keusche ... weiß wie Schnee ...!«) Als Taddeo sich Colombine im Wunsch sie zu küssen, aber immer noch unter schüchternen Worten nähern will, packt der inzwischen durch das Fenster in das Zimmer gestiegene Harlekin ihn bei den Ohren und wirft ihn mit einem Fußtritt hinaus. Dabei hat Taddeo noch Zeit, den Erstaunten zu spielen und die nun von ihm entdeckte Zuneigung der beiden zu segnen. Das Publikum der Dorfbühne bricht in Lachen und Applaus aus.

Colombine und Harlekin sinken einander in die Arme: heute sollen alle ihre Liebeswünsche in Erfüllung gehen! Doch Colombine hat vorher andere Gelüste, sie geleitet Harlekin zum Tisch, auf dem sie allerlei Leckerbissen vorbereitet hat. Harlekin seinerseits hat eine Flasche Wein mitgebracht. Zu den Klängen einer Gavotte – die sich im Geist alter Zeiten vortrefflich als Tafelmu-

Deutsche Oper Berlin, 1974: Szene aus dem II. Akt des „Bajazzo" mit George Fortune als Tonio

sik eignete – tafeln die beiden nun und besprechen dabei den Plan ihrer gemeinsamen Flucht. Da stürzt Taddeo ins Zimmer: Bajazzo kehre überraschend heim, wisse alles und suche nach einer Waffe! Harlekin schwingt sich aufs Fensterbrett, ermahnt Colombine, ihrem Gatten einen starken Schlaftrunk zu geben, um die Flucht verwirklichen zu können. Und Colombine verabschiedet ihn mit den zärtlichen Worten: »A stanotte…e per sempre… io sarò tua!« (»Auf die Nacht denn ... und für ewig ... bin ich die Deine!«) Es sind dieselben Worte, die Nedda im ersten Akt zu Silvio gesprochen hatte. Canio-Bajazzo hört sie, und er hört sie zum zweiten Mal an diesem Abend. Und damit ist die Tragödie unabwendbar geworden. Bajazzo versucht, weiter die vorgeschriebene Komödie zu spielen. Wie im Libretto vorgesehen, stellt er Colombine zur Rede: »Un uomo era con te!« (»Ein Mann war bei dir!«) Colombine antwortet, wie im Textbuch vorgesehen: »... Seid berauscht gar?« Die Antwort: »Berauscht? ... Ja ... Seit jener Stunde!« Bajazzo fällt aus der Rolle. Nedda lenkt rasch zurück: „Du kehrst früh heim!" Bajazzo (oder ist es schon Canio?): »Gerade zur richtigen Zeit! Zur richtigen Zeit, meine süße Gattin!« Noch einmal zurück in die Komödie: Bajazzo entdeckt den für zwei gedeckten Tisch. Schnell hat Colombine die Ausrede zur Hand, Taddeo habe mit ihr gespeist. Und Taddeo, ganz im Sinne des Spiels, bestätigt, anscheinend vor Angst zitternd, Colombines Aussage. Das Publikum des kleinen Theaters amüsiert sich köstlich. Colombine, die Entzückende, und der blöde Tölpel – ob der Gatte das glauben wird? Das Menuett bricht brüsk ab, Bajazzo fällt wieder aus der Rolle, bestürmt in wilder Wut Colombine, die für ihn nun keine Bühnenverkleidung mehr trägt, sondern als Nedda, als in Wahrheit ungetreue Gattin vor ihm steht. Und so, wie am frühen Abend in Wirklichkeit, so bedroht er sie nun in rasender Verzweiflung: »Il nome… il nome!« (»Den Namen!«) Colombine gibt noch nicht auf, will alles in die Komödie zurück retten: »Di chi?« (»Von wem?«) und setzt zweimal, fast höhnisch, wie das Textbuch der kleinen Komödie wahrscheinlich verlangt, hinzu: »Bajazzo! Bajazzo!« Aber das Ende der Komödie ist da. »No, Pagliaccio non son…«, nein, bin Bajazzo nicht bloß ...!

Ein zutiefst leidender Mensch steht auf der Bühne, vergißt alles um sich, das Publikum, das Städtchen, die Zeit, sein Leben.

INHALT

Szene aus dem II. Akt des „Bajazzo" in der Deutschen Oper Berlin (1974) mit Lucy Peacock als Nedda und George Fortune als Tonio

Vor ihm Nedda, die er liebt, anbetet, die sein Alles bedeutet, und sie hat ihn betrogen, will ihn verlassen, liebt einen anderen… In blinder Verzweiflung will er immer wieder den Namen dieses anderen wissen, will diesen Mann vernichten, damit er Nedda nie besitzen könne. Ein gewaltiges Gesangsstück enthüllt immer tiefer Canios blutende Seele: ein Mensch fordert sein Recht, ein armer Narr, der an Liebe und Dankbarkeit glaubte. Hatte er Nedda nicht auf der Straße aufgelesen, sie unendlich geliebt?

Das dörfliche Publikum, eben noch begeistert vom Realismus des Spiels, beginnt zu erschauern. Frauen brechen in Weinen aus, viele überläuft ein Schauer des Unheimlichen: spielt er noch? Oder ist unversehens Wahrheit aus dem Spiel geworden? Andere glauben noch an die Großartigkeit des Spiel dieser Komödianten, einer Truppe, wie sie sie so lebendig nie sahen. In immer bittere Vorwürfe steigert sich Canio, beschimpft seine Gattin als Dirne. Ist es nun doch die Komödie? Das Publikum bricht in Applaus aus nach diesem schrecklichen Zornesausbruch. Nun antwortet Nedda, nach langem Toben Canios findet sie die ersten Worte. Sie klingen nicht nach Furcht, nur kalt und entschlossen: Wenn Canio sie seiner unwürdig glaube, so möge er ihr die Tür weisen. Wild lachend fährt Canio auf: Damit du, wann es dir paßt, zu deinem Geliebten laufen könntest? Nein, hier bleibst du und verrätst mir auf der Stelle seinen Namen! Nedda, wohl in plötzlicher Eingebung, lenkt auf die Gavotte zurück, als sei alles nur Spiel gewesen: und so, als gäbe sie nun den Namen preis, nennt sie den »schüchternen, harmlosen« Harlekin und bietet, nun wohl doch in Todesangst, Taddeo als Zeugen. Canio aber spielt die Komödie nicht mehr mit. Er geht auf Neddas Rettungsversuch gar nicht mehr ein. Er jagt sie über die kleine Bühne, über das »Theater auf dem Theater«, wo sich jetzt ihr Schicksal entscheiden soll: »Il nome o la tua vita!« (»Den Namen oder dein Leben!«) Nedda weigert sich ein letztes Mal: er soll sie verworfen schelten, treulos – aber niemals werde er sie zur Verräterin machen. Steigende Unruhe bemächtigt sich der Hörer, Angstschreie werden hörbar, viele sind aufgesprungen und wissen nicht, was sie tun sollen angesichts der sich anbahnenden Tragödie. Silvio versucht, sich durch die immer mehr verwirrte Menge den Weg zur Bühne zu bahnen. Peppe will den unbeweglich auf Canio und Nedda blickenden Tonio vergeblich zum Eingreifen bewegen. Tonio verhindert be-

wußt und in unauslöschlichem Haß, daß Peppe einen Rettungsversuch unternehme. Nedda, in verzweifelten Ausbruch schleudert Canio nun ihre Liebe zu einem anderen ins Gesicht, dessen
Namen aber er nie erfahren werde. Silvio ist vor der Bühne angekommen und erklimmt sie mit gezogenem Messer. Aber da hat
Canio bereits das seine in Neddas Herz gegraben. Ihr letzter Aufschrei ist »Silvio!«. Und dessen letztes Wort: »Nedda!«, denn
nun hat Canio die Lage erkannt und ersticht den Rivalen. Ein wilder Aufschrei der atemlosen Zuschauer, tosende Akkorde im Orchester. Dann unheimliche Stille. Tonio tritt vor, fast tonlos
spricht er die (zum Zitat gewordenen) Worte: »La commedia è finita!« (»Das Spiel ist aus…«)

Mit vollster Kraft setzt das Orchester ein. Es spielt die wehmü-
tige Melodie des »Ridi, Pagliaccio«, des lachenden Komödianten, dem das Herz bricht. Dann stürzt es im Unisono-Tutti aus der
Höhe in den Abgrund.

Dichtung und Wahrheit um Leoncavallo und seine Oper „Der Bajazzo"

Es gab und gibt stets Legendenbildungen um bedeutende Menschen. Anekdoten werden mit ihnen verbunden, die gar nichts mit ihnen zu tun haben; Aussprüche kolportiert, die sie nie getan; manchmal werden sogar Werke in einen Zusammenhang mit ihnen gebracht, an deren Entstehung sie gänzlich unbeteiligt sind. Selten geschehen solche Irrtümer oder Verwirrungen bewußt und absichtlich, aber auch für derartige Fälle wären Beispiele unschwer aufzufinden.

Ruggero Leoncavallo bietet ein besonders interessantes Beispiel dafür, daß sich um Leben und Werk eines über Nacht berühmt Gewordenen ein Kranz von fehlerhaften Überlieferungen windet, der im Laufe der Zeit beinahe zu einer Kette allgemein geglaubter Fakten werden kann. Hierbei spielt natürlich mit, daß gerade die Generation der »Veristen«, der er zugehört, sehr lange Zeit von der Musikwissenschaft vernachlässigt wurde und daß ihre Lebensläufe mehr oder weniger im Dunkel blieben. Das ist selbst bei Meistern der Fall, deren Werke sich auch heute noch, ungefähr hundert Jahre nach ihrer Entstehung, aufrichtigen Interesses erfreuen und Aufführungszahlen erreichen, um die Autoren späterer Epochen sie nur beneiden können. Erst in unserer Zeit kommen Tatsachen und Daten rund um das Leben und Schaffen Leoncavallos ans Licht, die bisher gar nicht oder fehlerhaft verzeichnet waren.

»Dichtung und Wahrheit« – um mit Goethe zu sprechen – waren lange Zeit unlösbar miteinander verknüpft bei vielen Dingen, die über Leoncavallo und sein Werk in Büchern, Programmheften und Zeitungsartikeln Verbreitung fanden. Es soll hier keineswegs darum gehen, die »Schuld« an Ungenauigkeiten und Verdrehungen irgend jemandem zuzuweisen. Viele sind auch gar nicht wichtig genug, um hier etwa »Gericht zu halten«. Entsteht irgendein Schaden, wenn Leoncavallos Geburtsdatum in der Literatur jahrzehntelang um ein Jahr später angegeben wurde, als es den Tatsachen entspricht? Das wahrscheinlich einzige, was an dieser Tatsache interessieren mag, ist die Frage nach dem Woher und Warum dieses (und manches anderen) »Irrtums« in Leoncavallos Biographie. An ihm sind keineswegs, wie es vorkommen kann, die Dokumente schuld oder gar deren Fehlen. Die zum großen Teil von Leoncavallo selbst gemachten »irrigen« Aussagen dürften eine psychologisch wesentlich interessantere Erklärung finden, der wir versuchen wollen, auf den Grund zu kommen, ohne ihnen jedoch übergroße Bedeutung beizumessen. Denn das Wesentliche an Ruggero Leoncavallo ist, daß er der Autor – sowohl der Dichter wie der Komponist – einer der großartigsten Opern des Weltrepertoires ist, die sich seit einem Jahrhundert unverändert hoch in der Gunst der Ausführenden wie des Publikums hält: des »Bajazzo«.

Leoncavallo erlebte keinen kontinuierlichen Aufstieg zum Ruhm in den ersten zehn Jahren seiner beruflichen Laufbahn gab es absolut gar nichts, das auf künftige Größe oder künftigen Ruhm hätte schließen lassen. Er konnte sich also nicht auf einen Zustand von Berühmtheit innerlich vorbereiten. Ja im Gegenteil, er muß bis in sein achtundzwanzigstes Jahr das Leben – auch das geistige und seelische Leben – eines »kleinen Mannes« geführt haben, ohne jede wirkliche Hoffnung auf eine Laufbahn, die ihn auch nur im mindesten über das Dasein des unbeachteten Provinzmusikers hinausgeführt hätte. Niemand fragte nach ihm, keine Zeitung wollte Daten über ihn oder seine »Erlebnisse« in Erfahrung bringen, um sie einem nach Sensationen begierigen Publikum mitzuteilen. Und dann plötzlich wollte es das Schicksal, daß dieser isolierte Mittel- und Hoffnungslose innerhalb von anderthalb Stunden einer einzigen Nacht an die Spitze katapultiert wurde, wo Ehre, Ruhm, Geld und intensive Beachtung der ganzen Welt auf ihn warteten. Man muß sich diesen Sprung vorstellen, um seine materiellen, vor allem aber seine psychischen Folgen ermessen zu können.

Und auf diesem Gipfel wird er, um dessen nähere Lebensumstände sich zuvor niemand gekümmert hatte, ein Mittelpunkt, eine Attraktion, ein wichtiger Mann, dessen Äußerungen abgedruckt und kommentiert werden; ein Mann, der nach seinen Plänen gefragt wird, dessen Werdegang auf einmal für die italienische, ja die Weltmusik von Bedeutung zu sein scheint. Von einer Sekunde auf die andere nach seinem Geburtsdatum befragt, sprudelt er eine Zahl hervor – doch: ist es die richtige? In ihm lebt, nun mehr noch als in der Zeit seiner Bedeutungslosigkeit, ein unwillkürlicher Vergleich mit seinen »Genossen« der »veristischen« Generation. Nun hat er keinen Grund mehr zur Eifersucht: Sein »Bajazzo« hat sich neben die ungeheuer erfolgreiche »Cavalleria rusticana« seines Konkurrenten Pietro Mascagni gesetzt, hat die dahin komponierten Opern Giacomo Puccinis in den Schatten gestellt und wird sogar die bald folgende Uraufführung von dessen »Manon Lescaut« ebenbürtig überstehen. Doch Mascagni ist viel jünger als Leoncavallo, ganze sechs Jahre! Auch Puccini ist jünger. Und das bedeutet einen Schönheitsfehler für den ehrgeizigen Komponisten. Die Differenz ist klein: anderthalb Jahre etwa. Aber es wurmt Leoncavallo doch, bei Interviews angeben zu müssen, daß er der älteste dieser Generation sei. Und so dürfte er ganz spontan geantwortet haben, Puccini und er stammten aus demselben Jahre: 1858. Als es dann jemand zum Zweck irgendeiner Publikation genauer wissen wollte, erfand er im Augenblick das Datum des 8. März jenes Jahres 1858. Und dabei blieb er. Niemand forschte nach – warum auch? In Wahrheit ist Ruggero Leoncavallo am 23. April 1857 geboren. Daß er mit dem Geburtsdatum auch das Sternzeichen wechselte, kann höchstens Astrologen irritieren. Es wäre interessant, wenn auch spekulativ, zu wissen, ob sein seltsamer Lebensweg mit dem echten Geburtsdatum als Grundlage aus den Sternen herauszulesen wäre…

Noch lange ist kein Ende mit den »Irrtümern«, die sich in Leoncavallos Biographie finden. Von ihnen ist später noch die Rede.

Das Genie einer Stunde

Als Ruggero Leoncavallo – es wäre an der Zeit, seinen Vornamen nicht mehr »Ruggiero« zu schreiben, wie es lange Zeit üblich, aber nie richtig war – am 9. August 1919 im Alter von zweiundsechzig Jahren in Montecatini, dem berühmten Heilbad in der Toscana, starb, beklagten Weltpresse und Weltöffentlichkeit den Tod des Schöpfers der Oper »I Pagliacci«. Sonst nichts. Und auch heute wird der Opernfreund Mühe haben, weitere der mehr als zehn Opern aufzuzählen, die der Feder dieses Mannes entsprangen. Daß der »Fall« seines Kollegen Pietro Mascagni ganz

Ruggero Leoncavallo. Gemälde von L. Nauer (1858–1919)

ähnlich liegt – wenngleich aus seinem Schaffen doch noch hier und dort, vor allem in Italien, Opern auftauchen, aus denen einzelne Stücke (Arien aus »L'Amico Fritz«, »Il piccolo Marat«, »Isabeau« , der Sonnenchor aus »Iris«) dem Liebhaber ans Herz gewachsen sind –, soll hier nur angedeutet werden. Wie wenige Opernschöpfer der Geschichte ist Leoncavallo der »Meister eines einzigen Werkes« geblieben. Ist es ein Fehlurteil, einen solchen Fall tragisch zu nennen?

Leoncavallo muß ein Genie gewesen sein. Ein nicht genialer Mensch hätte Text und Musik der »Pagliacci« nicht schaffen können. Sucht man aber sein Leben nach weiteren unbestreitbaren Spuren der Genialität ab, so wendet man sich zuletzt enttäuscht ab: es gibt sie nicht. Die harte Arbeit unzähliger mehr oder weniger begabter Menschen bringt die Menschheit vorwärts; die Geniestreiche aber, diese Blitze, die gewissermaßen aus so ungewöhnlichen wie unerwarteten Werken zucken, bereichern sie, setzen ihr Glanzlichter auf, derer sie sich rühmen darf. Leoncavallos Genie ist übrigens keineswegs einmütig anerkannt; mancher Musikwissenschaftler leugnet es rundweg ab. Es ist allerdings die Frage, ob eine solche Entscheidung der »trockenen Wissenschaft« überlassen werden darf. Denn deren Vertreter könnten versuchen, den »Bajazzo« zu analysieren und würden dabei sicherlich auf einige wenige »schwache« Punkte stoßen. Eine radiographische Untersuchung der »Mona Lisa«, der berühmten »Gioconda«, würde nichts über ihre geheimnisvolle Schönheit an den Tag bringen; und das, was ihre Schönheit ausmacht, ist objektiv nicht analysierbar. Es ist tatsächlich schwer zu sagen, was die starke Wirkung des »Bajazzo« ausmacht. Aber daß es diesen Eindruck gibt, der sich jedesmal unweigerlich einstellt, besonders wenn bedeutende Sänger mit voller Hingabe dieses Werk auf der Bühne darstellen – darüber sind Diskussionen überhaupt nicht möglich. Ist die Wirkung, die dieses Drama auf jeden empfindsamen Menschen ausübt, eine »legitime« oder eine sogenannte billige, von der die Kritik gelegentlich spricht? Was in den »Pagliacci« dargestellt wird, sind tiefmenschliche Gefühle. Wohl dem Dichter, der sie ergreifend wiederzugeben vermag, wohl dem Komponisten, der die blutenden Wunden, die hier geschlagen werden, zum echten Erlebnis zu gestalten weiß! Leoncavallo war beides in einer Person. Sogar die Frage, ob er ein größerer Dichter oder ein meisterlicherer Komponist gewesen sein mag, erübrigt sich: zwei der Grundelemente der Oper sind hier eins geworden, untrennbar miteinander verschmolzen, sich gegenseitig zum Höhepunkt steigernd.

Die Frage nach dem »Genie einer Stunde« kann hier freilich nicht näher untersucht oder beantwortet werden. Mascagni war wohl eines; ein weiteres Arrigo Boito, der allerdings ein absolut einmaliger Fall gewesen sein muß: denn nach seinem

»Mefistofele«, der ihn dichterisch wie kompositorisch in jungen Jahren auf bewundernswerter Höhe zeigt, gelingen dem reifen Manne die besten Textbücher, die der große Verdi in seinem langen Leben und Schaffen jemals erhielt: »Otello« und »Falstaff«. War der liebenswerte Peter Cornelius das »Genie einer Stunde«, als er seinen »Barbier von Bagdad« schrieb? War – auf einem ganz anderen Gebiet – es nicht Rouget de l'Isle, der in einer begeisterten Stunde Text und Melodie zur »Marseillaise« fand, aber weder vorher noch nachher jemals etwas, was ihn über bescheidenes Mittelmaß hinausgehoben hätte?

Zurück zu Leoncavallos Werdegang, seinem mühsamen Weg, dem kein Licht zu leuchten schien.

Montalto in Kalabrien

Leoncavallo war ein Kind des Südens. Er stammte aus Neapel; eine Herkunft, die er stets, nicht ohne Stolz, betonte. Denn Neapel hat in der Operngeschichte Jahrhunderte hindurch eine führende, oft großartige Rolle gespielt. Zahllose Meister, vor allem des 17. und 18. Jahrhunderts, waren in der lebhaften, malerischen Stadt am blauen Golf oder in den herrlichen sie umgebenden Bergen und sonnenüberfluteten Dörfern geboren worden. Von den vielen wichtigen politischen Ereignissen ihrer Geschichte spricht außer den Historikern kaum noch ein Nachfahre, aber vom Glanz eines weithin ausstrahlenden Operntheaters träumen heute noch dessen unzähligen Freunde. Heimat großer Sänger: es genügt, den Namen Caruso zu nennen. Und Heimat ungezählter Melodien, in denen Landschaft und Volkscharakter sich spiegeln. Welche Stadt wurde so begeistert besungen? Venedig vielleicht, Wien, Paris?

Auf dem Standesamt der Stadt wurde eingetragen, eine Frau habe sich am 25. April 1857 dort eingefunden, um anzugeben, daß zwei Tage vorher das ihr benachbarte Ehepaar Vincenzo Leoncavallo und Ehefrau Virginia d'Auria einen Sohn bekommen habe. Als Wohnsitz wird das Haus 102 der Riviera di Chiaia angegeben. In beiden Stammbäumen gibt es Bürger vielerlei Berufe: Baumeister, Ingenieure, auch geistliche Herren und Juristen. Der Vater Ruggeros schlug die juristische Laufbahn ein und wurde Richter, zumeist in kleineren Orten, oftmals mit den Aufgaben einer strafrechtlichen Untersuchung betraut. Vielleicht trifft es zu, daß die Leoncavallos in früheren Generationen ein Adelsgeschlecht waren und ausgedehnte Güter auf den Hügeln von Pomarico besaßen. In der Vielfalt der ausgeübten Beschäftigungen fehlt auch eine künstlerische Veranlagung nicht; der Onkel Nicola Leoncavallo schrieb zwei Libretti, deren Vertonungen auf die Opernbühne kamen: 1840 »I guanti gialli o Il ballerino« mit Musik von Nicola Graviller; 1843 »Anna la prie« mit Musik von Vincenzo Battista. Beide Werke sind vergessen, verschollen und vermodert in der riesigen Abfallgrube des Opernspiels, in der – nach vierhundert Jahren Geschichte des Musiktheaters – die unvorstellbare Zahl von 58000 (aufgeführten!) Werken verschwand… Von jenem Nicola Leoncavallo das Talent oder auch nur die Neigung zur »lyrischen Kunst« (wie die Italiener die Oper gerne nennen) abzuleiten, dürfte zu weit hergeholt sein.

Viele Leoncavallos scheinen politisch interessiert gewesen zu sein oder sich gar betätigt zu haben. Ihre Meinung muß wohl selten oder kaum je mit jener der Regierenden übereingestimmt haben. Dieser ständigen Opposition gegen die Herrschenden, die allerdings auch von einem festen Charakter Zeugnis abzulegen scheint, dürfte der Abstieg der Familie aus gräflichem Rang in den eher kleinen Mittelstand Neapels zuzuschreiben sein. Auch die Laufbahn Vincenzos, des Vaters von Ruggero, scheint darunter gelitten zu haben, daß er nicht auf der »richtigen« Seite stand. Denn der Posten eines Untersuchungsrichters im kleinen Städtchen Montalto-Uffugo, auf dem man ihn in der Kindheit seines Sohnes Ruggero findet, gehört bestimmt nicht zu den erstrebenswerten oder aussichtsreichen. Dieser Flecken, nicht ganz leicht zu erreichen, ist ein durchaus malerisches Städtchen. Es heißt heute Montalto di Calabria, und die Zeit scheint dort, sehr zur Freude der nicht sonderlich zahlreichen Touristen, vor langer Zeit stehengeblieben zu sein. Es ist angesichts der sich ständig vergrößernden Zahl von Festivals nicht ausgeschlossen, daß sie eines Tages durch ein »Festspiel« – das hier wohl vor allem oder ausschließlich die Aufführung von »I Pagliacci« beinhalten würde – wieder in Gang gebracht werden könnte. Die landschaftlich schöne Lage unweit von Cosenza und die Verquickung mit der

Vorgeschichte dieser Oper (die allerdings, wie man bald erfahren wird, auf tönernen Füßen steht) dürften den Plan begünstigen. Denn die Legende ist immer stärker als die Wirklichkeit. Und die Legende nun stellt seit bald einem Jahrhundert eine konstruiert wirkende Verbindung zwischen dem »Bajazzo« und dem Städtchen Montalto di Calabria her.

Ruggero Leoncavallo verbrachte hier von 1862 bis 1868 sechs Jahre seiner Kindheit. Er war fünf, als er mit seinen Eltern kam, und elf, als die Familie wieder nach Neapel zurückzog. In dieser Zeitspanne ereigneten sich im damals noch Montalto-Uffugo genannten Städtchen manche – durchaus natürlichen – Dinge: Menschen starben, zumeist recht alt geworden, Kinder wurden geboren, es gab Feste, die mit den traditionellen Prozessionen verbunden waren, junge Leute verliebten sich und heirateten. Aber auch eine Bluttat ereignete sich, und das galt, trotz der ein wenig archaischen und mitunter rauhen Sitten, doch als durchaus nichts Natürliches. Ein Mann wurde von einem Brüderpaar ermordet. Der Fall wurde, nicht zuletzt unter Mitwirkung des Untersuchungsrichters Vincenzo Leoncavallo, restlos aufgeklärt, und die Täter wurden verurteilt. Die Motive waren klar – aber das alles hat eigentlich nichts mit dem »Bajazzo« zu tun. Nur im Datum könnte ein rein zufälliges Zusammentreffen bestehen. Am Vorabend des Mordes, am 5. März 1865, fand in Montalto-Uffugo das Gastspiel einer fahrenden Komödiantentruppe statt, die aber mit der um viele Stunden später erfolgten Bluttat nicht das mindeste zu tun hatte. Leoncavallo aber stellt später diese Verbindung her – ob ernst gemeint oder als rettendes Argument gegen eine sehr ernste Plagiatsbeschuldigung, möge vorläufig unerörtert bleiben. Denn noch werden mehr als 25 Jahre ins Land gehen, bis diese Jugenderinnerung wieder in ihm hochkommen sollte.

Unklarheiten in Bologna

Als Ruggero Leoncavallo seine Schulstudien (über die kaum etwas überliefert ist, so daß ein normaler Verlauf angenommen werden kann) in Neapel beendet hatte, ging er an die Universität in Bologna, weit entfernt von seiner südlichen Heimat in den so ganz anders gearteten, bewegteren, fortschrittlicheren Norden

Italiens. Die Universität Bologna kann alte und ungewöhnlich reiche Ruhmestitel vorweisen, auch musikalische. Hier lehrte im 18. Jahrhundert der in ganz Europa berühmte Padre Martini, hier gab es eine hochgelehrte »Akademie«, deren Mitgliedschaft der vierzehnjährige Mozart erwarb, nachdem er die als äußerst schwierig geltende Aufnahmeprüfung, die schriftlich in Klausur abzulegen war, spielend bewältigt hatte. Leoncavallo aber kam nicht musikalischer Studien wegen nach Bologna; diese erachtete er nach einigen Jahren im Konservatorium von Neapel als abgeschlossen. In der norditalienischen Hochschule wollte er anscheinend die andere, die literarische Seite seiner offenkundigen Begabung entwickeln. Denn hier unterrichtete ein überragender Vertreter des italienischen Schrifttums: Giosuè Carducci (1835-1907der übrigens ein Jahr vor seinem Tod den Nobelpreis für Literatur erhielt). In älteren Lebensbeschreibungen Leoncavallos heißt es, er habe bereits 1878 nach zweijährigem Studium bei Carducci sein »Doktorat« erworben, also mit knapp 21 Jahren. In den Annalen der Hochschule hingegen findet sich keinerlei Bestätigung eines solchen wichtigen Abschlusses. Er selbst nannte sich im späteren Leben niemals Dr. Leoncavallo, scheint aber auf Anfragen diesen Rang und Titel bestätigt zu haben.

In Bologna vernachlässigte er die musikalische Tätigkeit keineswegs. Vielmehr entstand hier sein erster Opernversuch; auf einen ins Italienische übersetzten Text des berühmten französischen Dichters Alfred de Vigny schrieb er das Libretto zu seiner ersten Oper »Chatterton« und dürfte sie in Bologna bereits weitgehend komponiert haben. Doch ihre Aufführung erfolgte erst, als der Autor später durch den Sieg des »Bajazzo« zu Ruhm gekommen war.

Schließlich wird in allen Biographien Leoncavallos von einem besonderen Ereignis seiner Bologneser Studienzeit berichtet: eine Begegnung mit Richard Wagner. Zeitlich wäre diese durchaus möglich: der deutsche Meister, nun weltberühmt durch die aufsehenerregende Eröffnung seiner Bayreuther Festspiele im August 1876, war mit seinen Werken nun auch nach Italien vorgedrungen, wo unter anderen einheimischen Musikern Arrigo Boito sich entschieden für das »neue Musikdrama« einsetzte. Wie so vieles andere ist auch die Tatsache eines Treffens mit Wagner im Leben Leoncavallos nicht nachzuweisen. Wagner,

LEONCAVALLO: LEBEN UND WERK

ein überaus charismatischer Mensch, dem es stets darum ging, neue Anhänger zu gewinnen, dürfte besonders in fremden Ländern nach »Stützpunkten« Ausschau gehalten haben, kaum anders als ein Feldherr vor der Invasion in solche Länder. Aber war Leoncavallo als Student der Literatur ein wirksamer Stützpunkt? Vielleicht freute Wagner sich über jeden Menschen im nichtdeutschen Raum, der ihm seine Aufwartung machte; denn um die Anerkennung der »Welt« rang er immer noch, wenn auch in jüngster Zeit gerade aus lateinischen Ländern starke Beweise des Interesses, ja von Sympathie und Bewunderung gekommen waren. In Wagners Biographien ist begreiflicherweise von der Begegnung mit dem damals völlig unbedeutenden Leoncavallo keine Rede. Um so mehr steht darüber in den Lebenserzählungen des Italieners. Was daran Wahrheit ist und was Phantasie, Einbildung oder Wichtigtuerei, kann niemand mehr mit Sicherheit sagen.

Zwei Themen behauptet Leoncavallo, mit Wagner angeschnitten zu haben: die Personalunion zwischen Dichter und Komponist, für Wagner Maxime seines Lebens als Künstler, für Leoncavallo ein ferner Wunschtraum. Auch er wollte ja Opern mit selbstverfaßtem Libretto schreiben. Und er hatte die Idee eines großen, zyklischen Werkes aus mehreren Einzelstücken entwickelt. Leoncavallo plante allerdings eine rein historische italienische Operntrilogie – drei Werke über verschiedene geschichtlich große Gestalten und Zeiten –, aber es ist denkbar, daß er dabei an des deutschen Meisters »Ring des Nibelungen« dachte. Im Unterschied zu Wagner jedoch ist Leoncavallo ein solches Unternehmen nicht geglückt: nur die Oper »Die Medici« kam zur Aufführung; zur Vollendung des als »Crepusculum« (»Abenddämmerung«) geplanten dreiteiligen Zyklus durch die Werke »Gerolamo Savonarola« und »Cesare Borgia« kam es nie, und auch »I Medici« gelangte erst auf die Bühne, als durch den Triumph der »Pagliacci« die Theaterpforten der Welt sich dem zuvor gänzlich unbekannten Autor geöffnet hatten.

Ob unter dem Einfluß Wagners gefaßt oder nicht: in Leoncavallos Werk ist der Gedanke maßgebend, nur ein Opernwerk, dessen Autor Text und Musik in einer Person verfassen könne, sei zu höchster Einheit in Konzept und Ausführung imstande. Er hält sich an dieses Prinzip bei allen Opern, die er im Laufe seines Lebens schafft. Bei »Chatterton«, »I Medici«, »I Pagliacci«, »La

187

Bohème«, »Zaza«, »Il Rolando« (dem »Roland von Berlin«), »Maià«. Erst als 1910 seine Neigung von den (erfolglos gebliebenen) Opern auf die Komposition von Operetten übergeht, ruft er andere Textdichter zu Hilfe – mit dem gleichen negativen Resultat.

Über die häufig in solchen Fällen auftretende Frage, welches der beiden Talente – das zur Musik oder zur Dichtung – »stärker« sei, wird es auch bei Leoncavallo Diskussionen geben. Sie bleiben, wie oft in solchen kaum entscheidbaren Fragen, ohne eindeutige Antwort, wie bei den Betrachtungen seines Hauptwerkes zu sehen sein wird. Eine starke Beeinflussung des jungen Italieners durch Wagner ist zwar kaum nachweisbar; dazu war beider Art, ihr Künstlertum, zu verschieden. Aber es ist vielleicht auffallend, daß der »große« Plan Leoncavallos, ein an mehreren Abenden aufzuführendes Werk zu schaffen, durch ein bezeichnendes Wort in die Wagner-Sphäre geraten ist: »Crepusculum« – die Dämmerung, der Sonnenuntergang –, wie seine Trilogie hätte heißen sollen, ist dem letzten »Ring«-Titel gleich: »Götterdämmerung« heißt auf italienisch »Il crepusculo di Dei«.

Biographen Leoncavallos – vor allem Daniele Rubboli – berichten von einem weiteren Treffen des italienischen Dichter-Komponisten mit Wagner, das am 20. November 1877 stattgefunden haben soll. Abermals in Bologna sollen beide bei der Aufführung des »Fliegenden Holländer« zusammengetroffen sein. Auch das »Vascello fantasma« – wie diese Oper in italienischer Sprache genannt wird, die direkte Übersetzung des französischen »Vaisseau fantôme«, des »Gespensterschiffs«, wie Wagner das Werk in seiner ersten französischen Fassung genannt hatte – soll Leoncavallo tief beeindruckt haben. Allerdings ist Wagners Mystik ohne jede Folge im Werk des jungen Italieners geblieben – Mystiker ist er nie gewesen, er blieb in seinem Schaffen auf dem Boden der Realität. Der Stil, dem er zusteuert, ist ein naturalistischer; der »Verismo« ist sein Ziel. Ein Gegenpol Wagners also – warum legen Leoncavallos Biographen so großen Wert auf die angeblich überaus »positiven« Begegnungen der beiden?

Sie ziehen auch Schlüsse daraus, die von vornherein unsinnig sind: Wagner soll Leoncavallo nach Bayreuth eingeladen haben, wo »Der Ring des Nibelungen« überaus stark auf den Gast gewirkt habe. Eine schon rein chronologisch unmögliche Legen-

Ruggero Leoncavallo

de: der »Ring« (in der Weltaufführung Bayreuths) erklang ein Jahr vor dem angegebenen Datum und danach sehr lange nicht mehr. Entweder hat die Begegnung der beiden Männer nicht stattgefunden, oder die Einladung nach Bayreuth wurde nicht ausgesprochen. Auch hier liegt wieder eine der Unklarheiten im Leben des »Bajazzo«-Autors; ihr nachzugehen lohnt kaum, denn auch die glühendste Wagner-Verehrung des Italieners führt uns nicht zu seinem Meisterwerk – sie entfernt uns eher davon. Es ist auch nur vom psychologischen Standpunkt aus interessant zu rätseln, wie solche Erzählungen in die Welt gesetzt werden konnten. Lange glaubte sich Leoncavallo, der wohl längst sein ungewöhnliches Talent fühlte, von der Welt zurückgesetzt, zu Unrecht unbeachtet. Nach dem beinahe unfaßbaren Aufblitzen seines Genies, dem stürmischen Hereinbrechen des Ruhms, wird er eine Zeitlang von Neugierigen, von Verehrern und von Journalisten bestürmt werden, Einzelheiten aus seinem Leben preiszugeben, Fesselndes zu erzählen von jenem Weg aus Enge und Einsamkeit ins strahlende Licht. Begegnungen mit Wagner: das ist im damaligen Europa eine Sensation. Vielleicht haben sie wirklich stattgefunden, am Rande einer Opernvorstellung, im Hotel, wo der Deutsche, der stets liebte »hofzuhalten«, abgestiegen ist. Vielleicht aber existieren sie nur in der Phantasie Leoncavallos, in seinem Wunschdenken, das in manchem Jahr des völligen Nichtbeachtetwerdens beträchtliche Ausmaße angenommen haben dürfte.

Die Realität sieht ganz anders aus und interessiert keinen Menschen. Der sehr gute Pianist Leoncavallo gibt Klavierstunden, er wird von Sängern zu Rate gezogen, denen er Lieder und Opernrollen beibringt. Er komponiert selbst solche Lieder, von denen die meisten sich als »napolitanische« erweisen und von denen einige gern gesungen werden. Besonders eines unter ihnen macht solche Karriere wie sein Autor: 1905, also mehr als ein Dutzend Jahre nach »Bajazzo«, gelingt ihm mit »Mattinata« eine mitreißende Melodie, deren Popularität bis heute nicht erloschen ist. Und natürlich stammen, wie damals für ihn selbstverständlich, Worte wie Melodie von ihm.

Gelegentlich finden wir Leoncavallo in den achtziger Jahren auch bei öffentlichem Wirken. Allerdings ist dies nicht gerade die Öffentlichkeit, die der junge Musiker erträumt. Er begleitet

Sänger – bei Musik eher volkstümlicher Art – in den damals beliebten Café-Concerts, die in allen Städten wie Pilze aus dem Boden geschossen sind. Das bringt ein paar Lire, die dem schmalen Geldbeutel sehr willkommen sind. Aber es bringt ihn dem ersehnten Ruhm um nichts näher.

Ägyptisches Intermezzo

Leoncavallo träumt vom Ruhm, der eines Tages kommen müsse – doch auf welchem Wege? Vorläufig fühlt er sich noch außerstande, eines seiner Opernprojekte zu Ende zu bringen. Mutlosigkeit ergreift ihn mehr als einmal. Und selbst wenn er eine Partitur vollendete, was würde mit dem Werk geschehen? Zwar suchten die Leiter der vielen italienischen Theater neue Stücke, aber es gab deren so viele, und auch nicht wenige namhaftere Autoren, als er einer war, daß die Chancen nicht als groß hätten bezeichnet werden können. Immer öfter brach Leoncavallo die Arbeit ab und schrieb schnell einen Artikel, um so wenigstens ein klein wenig Geld zu verdienen. Das Interesse der Zeitungen an musikalischen Veranstaltungen wuchs zusehends, selbst Provinzblätter brachten hie und da gutgeschriebene Berichte aus dem Musikleben der benachbarten Großstädte. Und Leoncavallo schrieb gut und leicht. Manchmal versuchte er sich auch als literarischer Übersetzer.

Doch sein Widerwille gegen ein solches Leben am Rande der Musik, in den Randbezirken des Schrifttums, wuchs, und eines Tages, eines Nachts stand sein Entschluß fest: entfliehen! Nur fort von diesem Dasein ohne Höhepunkte, aus dieser Monotonie ohne Hoffnung! Im rechten Augenblick fiel ihm ein, daß ein Onkel von ihm in Ägypten lebte. Plötzlich interessierte er sich für diesen Mann und erfuhr, daß dieser inzwischen Pressechef des Außenministeriums in Kairo geworden war. Das war in solcher bewegten Zeit ein vielbeachteter Posten. 1869 war der Suezkanal eingeweiht worden, ein welthistorisches Ereignis von höchster Bedeutung. Die Eröffnung der modernen Wasserstraße war zum Anlaß eines bedeutenden Festes ausersehen gewesen, aber die europäische Kriegsgefahr, die politische Hochspannung zwischen Frankreich und Preußen durchkreuzte die Pläne, nach denen sich die mächtigsten Herrscher der westlichen Welt in Kairo hätten treffen sollen. Der kunstliebende, verdibegeisterte Vizekönig hatte an die Uraufführung einer neuen Oper scines Idols gedacht, das endlich, nach langem Zögern, in den Plan eingewilligt hatte. Aber alles kam anders. Der Kriegsausbruch zwischen Berlin und Paris machte eine Vorverlegung aller Termine notwendig. Die größten Feierlichkeiten wurden abgeblasen, und Verdis »Aida« mußte bis nach dem Friedensschluß warten: Sie erklang erstmals am 24. Dezember 1871 im Italienischen Theater von Kairo. Auch Ägypten selbst, so sehr es von seinem neuen Kanal profitierte, der den europäischen Frachtern den Weg in den Orient und wieder zurück um Wochen verkürzte und Millionen Gewinn einbrachte, ging durch eine politisch unruhige Epoche. Die modernen Kolonialmächte hatten längst die Zukunftsaussichten des Landes am Nil errechnet und kämpften nun einen vielfachen Kampf: gegen die alte Protektoratsmacht Türkei, untereinander und gegen den wachsenden ägyptischen Nationalismus, der von einer patriotischen Zukunft ohne europäische »Beschützer« träumte.

Leoncavallo ahnte nicht, in welche Wirren ihn sein rein musikalischer Ausflug nach Kairo verwickeln sollte. Zunächst ging alles gut, als er 1882 die Überfahrt antrat. Der Onkel brachte ihn dank seiner Beziehung bei des Vizekönigs Bruder Tewfik Mahmud unter, in dessen prächtigem Palast er den jungen Musiker nicht nur zum Unterricht anstellte, sondern auch für Hofkonzerte, zu denen Leoncavallo gerne eigene Stücke beisteuerte, die bei der obersten ägyptischen, ganz nach Europa orientierten Klasse lebhaften Anklang fanden. Zeitweise wohnte Leoncavallo im Palast selbst, aber im Laufe der Monate bezog er doch eine kleine Wohnung in der Stadt, wo ihn wesentlich mehr Selbständigkeit erwartete.

Die Tätigkeit, so angenehm sie war, befriedigte seinen Ehrgeiz nicht. Ein Wort genügte, und sein Gönner beförderte ihn zum »Inspektor« der königlich-ägyptischen Blasmusikkapellen, die dem Heer angegliedert waren. Natürlich ahnte Leoncavallo nicht, daß ein namhafter Komponist etwa zur gleichen Zeit auf einen ganz ähnlichen Posten befördert wurde und in dessen Schutz nach Herzenslust komponieren konnte: Nikolaj Rimskij-Korsakow wurde Chef aller zaristischen Marinekapellen, und es ist sehr gut möglich, daß die beiden Musiker einander recht nahe kamen, als die russische Kriegsflotte, mit Rimskij-Korsakow an Bord, im Zuge einer Weltreise auch einen der ägyptischen Häfen anlief.

Während der Russe solche Erweiterungen seines Horizontes zu eifrigem Schaffen verwendete – aus dem Orient brachte er beispielsweise »Scheherazade« mit und das »Capriccio espagnol« aus Iberiens Häfen –, ist von ähnlichen Bemühungen Leoncavallos nichts bekannt. Ja, von irgendwelchem Einfluß der ihn täglich umgebenden arabischen Musik auf sein Werk findet sich nirgends eine Spur. Wir wissen auch von diesem orientalischen Abenteuer sehr wenig. So wenig, daß es auch von dieser Etappe seines Lebens verschiedene Versionen gibt. Nicht einmal die Daten sind in eindeutiger Form überliefert. Eine Quelle nennt 1879 als Zeitpunkt seiner Reise zum »ägyptischen« Onkel, wodurch sein Aufenthalt im Orient um einige Jahre verlängert wird. Über dessen Ende lauten die Berichte eher übereinstimmend. Da Leoncavallos Posten immerhin ein militärischer war, wurde er in die in jener Zeit schwelenden Kriegswirren hineingezogen. Waren es englische Angriffe? War es der öfter aufflammende Bürgerkrieg zwischen den verschiedenen, untereinander verfeindeten Gruppen im Lande selbst? Es heißt, in der »Schlacht von Tel el-Kebir« habe der Musiker die sich bietende Gelegenheit zur anscheinend längst geplanten oder ersehnten Flucht ergriffen. Daß er diese »in arabischer Verkleidung« angetreten habe, gehört zum Reiz der Anekdote, für deren Wahrhaftigkeit sich – wieder einmal – nirgends ein Beweis, ein Dokument oder eine bezeugende Bestätigung findet. Laut der zumeist kolportierten Version soll der kühne Reiter Leoncavallo in 24 Stunden in der Hafenstadt Ismailia (anderen Lesarten zufolge in Alexandrien oder Port Said) gelandet sein, wobei der übereinstimmende Textzusatz lautet: »Reiter und Pferd sind sehr erschöpft angekommen.« Außerdem wird berichtet, in der betreffenden Hafenstadt habe Leoncavallo sich durch einen Klavierabend die Überfahrt nach Europa verdienen können. Auf jeden Fall führt ihn die nächste Etappe seines Lebens nach Paris.

Eine wichtige Freundschaft: Victor Maurel

Paris war um 1880 immer noch die wichtige Opernstadt, zu der einst, sechzig Jahre früher, vor allem die großen Zugereisten aus vielen Ländern sie gemacht hatten: Cherubini und Spontini, Rossini, Donizetti, Bellini, Meyerbeer und Offenbach. Auch auf anderen musikalischen Gebieten war Frankreichs Hauptstadt der wohl bedeutendste Ausstrahlungspunkt geworden, von dem unter vielen anderen Chopin, Liszt und Paganini die Welt eroberten. Frankreichs nationale Oper erreichte mit Auber, Hérold, Adam, Berlioz, mit Gounod, Bizet und Massenet glanzvolle Höhepunkte. Wagner wußte wohl, warum er die Eroberung von Paris für einen der Grundpfeiler seines künftigen Weltruhms hielt, und die Niederlage seines »Tannhäuser« 1861 in der Grande Opéra schmerzte ihn tief – trotz der durchsichtigen abgekarteten Aktion gewisser gesellschaftlicher Kreise. Und Verdi, der die Zustände an diesem Theater (das er zumeist »la grande boutique« nannte) zutiefst verachtete, konnte nicht umhin, dort immer wieder seine Visitenkarte abzugeben, so mit der ihm sehr am Herzen liegenden Uraufführung des »Don Carlos« im Jahre 1867.

In dieses bunte, ungeheuer lebendige Paris kam nun der ungefähr dreißigjährige Leoncavallo. Keinerlei Renommee ging ihm voraus, nicht im Guten, nicht im Schlechten. Und so wie vor dem ägyptischen Abenteuer wird er nun auch in Paris Mitglied jenes großen Heeres unbekannter Musikanten, die ihr Leben fristen, zumeist im Dienste der Erfolgreicheren. Oder derjenigen, die von vornherein die »leichtere« Seite der Musik zu ihrem Gebiet gemacht haben, das Genre der puren Unterhaltung, das Varieté, den Zirkus, das Cabaret, das Kaffeehaus. Leoncavallo steht zwischen beidem. Wieder, wie in Italien zuvor, gibt er Unterricht, wieder spielt er an Vergnügungsstätten. Wieder aber auch versucht er, seine Kenntnisse des Klaviers und der Opernliteratur zu vereinen und so zum wertvollen Mitarbeiter von Sängern zu werden. Von diesen gerät eines Tages ein sehr berühmter an ihn: der Bariton Victor Maurel. Vielleicht ist er in jenem Augenblick noch nicht ganz berühmt, aber in Kürze werden ihn Aufgaben erwarten, von denen die große Masse seiner Konkurrenten nur träumen kann. Er wird der erste Jago in Verdis letztem Drama »Otello«, der erste Falstaff in Verdis gleichnamigem spätestem Bühnenwerk.

194

Carlo Cosutta als Canio in der „Bajazzo"-Inszenierung der Deutschen Oper Berlin (1979)

Und er wird die zweite männliche Hauptrolle in einem sensationellen Opernwerk erstmals in der Welt interpretieren, den Tonio in »I Pagliacci« seines »kleinen« Pariser Korrepetitors und Mitarbeiters Ruggero Leoncavallo. Diesem Anfänger hat er einen der wertvollsten Ratschläge in dessen Leben gegeben: die Rolle des Tonio auszugestalten mit einem grandiosen »Prolog«, der nicht nur ihm, dem Sänger, ungeahnte Möglichkeiten öffnet, sondern auch zu einem der wichtigsten Pfeiler des ungeahnten Welterfolgs werden wird.

Doch noch fehlen einige Jahre bis zu jenem Zeitpunkt, an dem das Leben eines noch völlig unbekannten Musikers sich über Nacht – buchstäblich über Nacht – in das völlige Gegenteil verkehren wird. Vorläufig ist Leoncavallo Maurels geschätzter pianistischer Mitarbeiter – »Korrepetitor« nennt man das heute –, der dem Sänger neue Rollen beibringt, ihm in den eigenen vier Wänden Gelegenheit gibt, das Schauspielerische solcher Rollen auszuprobieren, sich mit dem Gesamtwerk vertraut zu machen, in einer Zeit, die von Tonträgern noch nichts ahnte.

Freie Stunden verwendet Leoncavallo zur Komposition, von der er immer noch hoffte, sie werde eines Tages sein Los ändern können. Nachdem er – vielleicht schon vor der Ägyptenfahrt – die Oper »Chatterton« vollendet hatte, sie aber, angeblich durch die Schuld eines betrügerischen Impresarios, nicht hatte aufführen können, beschäftigt er sich anscheinend nun in Paris vorwiegend mit »I Medici« aus der geplanten Trilogie »Crepusculum«, zu der ihn Richard Wagner animiert haben soll.

Und noch eines ist aus jener Zeit zu berichten: eines Tages fällt der Roman »Scènes de la vie de Bohème« von Henri Murger in seine Hände. Er verschlingt die bittersüße Erzählung aus dem Pariser Künstlerleben der unteren Stände, aus den Dachateliers von Montmartre, den Vergnügungsstätten des Quartier Latin. Wie plastisch stehen diese Gestalten vor ihm, die da ein echter Dichter aus seinen eigenen Erfahrungen geformt hat! Er glaubt sie alle zu kennen, vergißt ihre tiefe Tragik und sieht nur den romantischen Glanz, der hier über die Ausgestoßenen und Verachteten der Gesellschaft gebreitet ist. Diese Lektüre wird noch Folgen haben im Leben Leoncavallos.

Zurück in die Heimat

Schließlich, es muß Ende der achtziger Jahre gewesen sein, zieht es Leoncavallo immer machtvoller zurück in die Heimat. Was er

Carlo Cosutta als Canio in der „Bajazzo"-Inszenierung der Deutschen Oper Berlin (1979)

in Paris tat, das könnte er, mit größeren Aussichten auf Erfolg, auch in Italien tun. Mailand steht an der Spitze der vielen glanzvollen Opernhäuser seines Landes. Dort haben sich – er weiß es möglicherweise gar nicht – viele alte Mitschüler des Konservatoriums zusammengefunden, hier haben sich unter den einstigen Kollegen Karrieren angebahnt – warum sollte nicht auch sein Stern hier endlich aufgehen? Puccini, der Gleichaltrige hatte schon zwei Opern vorgestellt, die trotz nicht sonderlich erfolgreicher Aufnahme gewisse Qualitäten aufwiesen, welche die Kenner hellhörig gemacht hatten. Hier war seine Generation am Werk und schien sich zu einer Gruppe zu formieren, die einheitliche neue Ziele erarbeitete.

Ein frischer, aufregender Wind wehte durch Italien. Die junge Generation wird mitgerissen durch die Schriften des Sizilianers Giovanni Verga, der in seinen »Ländlichen Erzählungen« die packende Geschichte eines blutigen Ehedramas unter dem Titel »Cavalleria rusticana« geschildert und 1884 dann dramatisiert auf die Bühne gebracht hat. Italiens größte Tragödin, Eleonora Duse – etwa Frankreichs legendärer Sarah Bernhardt vergleichbar – hat die Rolle der Santuzza ungezählte Male verkörpert und mit ihr in nahezu allen wichtigen Städten der Welt tiefe Erschütterung hervorgerufen.

Giovanni Verga gilt als Bahnbrecher, ja als Oberhaupt einer »Richtung«, einer künstlerischen Strömung, die als Steigerung des Realismus und des Naturalismus sich den Namen »Verismus« zulegte. Die »Wahrheit« ist ihr Ziel, wie schon der aus dem Lateinischen genommene Name zeigt: aus der Urform »veritas« wurde in den modernen romanischen Sprachen »verità«, »verité«, »verdad« usw. Der Verismus ist also eine Gegenströmung zu der das 19. Jahrhundert beherrschenden Romantik. Die zumeist als »verismo« zitierte Richtung – da ihre bezeichnendsten Werke auf dem Gebiet des italienischen Musiktheaters liegen – schwang sich zur Verkünderin der »Wahrheit« auf: der »volle Griff ins tägliche, alltägliche Menschenleben«, die »rücksichtslose Darstellung menschlicher Leidenschaften, Triebe, Laster, Krankheiten«, die »Bloßlegung von Verirrungen, Verkettungen« waren ihre Aufgaben, ihre Ziele. Alles sollte so »lebensecht« wie möglich sein. Das mochte in der Literatur als denkbare Forderung gelten. Wer die Werke Flauberts, Balzacs oder Zolas liest, kann den Eindruck voller Authentizität gewinnen: so war es, so ist es. Auch die Realisten und Naturalisten in anderen Ländern Europas, die im Geiste der genannten Franzo-

*Der „Bajazzo", I. Akt: Carlo Cosutta als Canio.
Deutsche Oper Berlin, 1979*

sen neue Maßstäbe im Schrifttum setzten – Dostojewski, Tolstoi in Rußland, Ibsen, Strindberg im Norden, Gerhart Hauptmann, Hermann Sudermann, Karl Schönherr im deutschsprachigen kaum – waren fest von der »Wahrheit« ihrer Schilderungen überzeugt. Doch die große Frage taucht unweigerlich auf: Wie steht es mit der Musik? Ist »Realismus«, ist »Verismus« in der Musik überhaupt möglich? Schließen diese Begriffe einander nicht von vornherein aus? Ein Mord kann auf dem Sprechtheater naturalistisch, täuschend »echt« gezeigt werden; wenn aber Mörder und Opfer dazu singen, wenn ein Orchester die Tat in die verschiedensten Klänge hüllt – ist das »realistisch«, »veristisch« möglich?

Der Verismus wuchs sich, als eine Art »Super-Realismus«, zu einer eigenen und stark verbreiteten Kunstrichtung um die Wende zum zwanzigsten Jahrhundert aus. Besonders in der Geschichte der Oper hat er einen festen Platz erobert. Daß seine Blüte in die gleiche Zeit fällt, in der auch der musikalische Impressionismus auf den Plan tritt und seine seltsam weltentrückten Werke einem besonders sensiblen Publikum präsentiert, gehört zu den Merkmalen einer von Paradoxen geschüttelten Epoche, einem sich anbahnenden »fin de siècle«, das in ein überaus zerrissenes Jahrhundert mündet. Um es mit einem Beispiel zu verdeutlichen: Wer würde beim Anhören von Leoncavallos »Bajazzo« annehmen, daß genau in seinem Aufführungsjahr Claude Debussy an »Pelléas et Mélisande« zu arbeiten begann?

Nur wenig ist aus heutiger Sicht vom musikalischen Verismus übriggeblieben: die der Bewegung zugrunde liegende »Cavalleria rusticana« von Pietro Mascagni, Leoncavallos »Bajazzo«, »Adriana Lecouvreur« von Francesco Cilèa; in Deutschland »Tiefland« von Eugen d'Albert, während Richard Strauss' »Salome« und »Elektra« zumeist eher dem Expressionismus oder gar dem Jugendstil zugerechnet werden. »Louise« von Gustave Charpentier bildet eine Brücke zwischen Romantik und Verismus, wie man sie wohl auch am ehesten in den Werken Puccinis erkennen kann, in »Manon Lescaut«, »La Bohème« und »Madame Butterfly«; »Tosca« allerdings gehört, ihres grausamen, blutrünstigen Textes wegen (in dem alle vier Hauptpersonen Tosca, Cavaradossi, Scarpia und Angelotti gewaltsam sterben) am ehesten in den Kreis des »verismo«. Kaum ein Dutzend Werke also von dem Hundert oder den Hunderten, die seinerzeit über die Bühne gingen, als, keine zwanzig Jahre lang, diese Richtung ihren Zenit erreicht hatte.

Leoncavallo gerät mitten hinein in ihre stark aufstrebende

Anfangsphase, als er seine Zelte in Paris abbrach, um in die Heimat zurückzukehren. Die Reaktion gegen Wagner und seine überdimensionale Romantik trat immer mehr hervor. Und sie erfaßt den jungen Neapolitaner, der eben noch Wagners Anhänger gewesen war. »Chatterton« und »Crepusculum«, deren erster Teil (»Die Medici«) ziemlich weit gediehen war, zeigten ihn noch ganz im Banne der Romantik, ja unleugbar beeinflußt vom Bayreuther Meister.

Irgendwie kam es nach der Heimkehr zur großen Wende im Schaffen des knapp Dreißigjährigen. Niemand kann mehr erkennen, wie es zu dem Wandel kam. Italien ging durch eine Phase intensiven Musikschaffens, die Zahl der Uraufführungen zahlreicher Opernbühnen war groß. Noch lebte Verdi, vor dem alle sich in Ehrfurcht neigten; nach sechzehnjähriger Schaffenspause wurde 1887 »Otello« zum triumphalen Erfolg; und als weitere sechs Jahre später dem nun achtzigjährigen Meister das lebensweise, geistvolle, von allen Zügen der Vitalität und höchsten Könnens geprägte Lustspiel »Falstaff« gelang, gab es niemanden, der nicht vom »Alterswunder« eines Genies sprach.

Amilcare Ponchielli war 1876 mit einer glanzvollen »Gioconda« auf den Plan getreten, Arrigo Boito ein Jahr zuvor mit der durchschlagend erfolgreichen zweiten Fassung seines »Mefistofele«. Und da war unter den Jungen vor allem Giacomo Puccini, alter Kamerad Leoncavallos aus dem Mailänder Konservatorium und nun ihm offensichtlich vorausgeeilt. Es gab Dutzende von Komponisten, die um einen »Platz an der Sonne« kämpften wie Leoncavallo selbst. Viele erfolgreicher als er, denn es gelang ihnen, ein Bühnenwerk zur Annahme und Aufführung an einem Theater zu bringen, zumeist allerdings ohne anhaltende Nachwirkungen.

Die Parole lautete, die »moderne Oper« müsse kurz sein, wenn möglich einaktig. Das entsprach dem Geist des Verismus, der die entscheidenden Situationen liebte, ohne sich mit den zumeist langsam verlaufenden Entwicklungen abzugeben, die dorthin führten. Der Verleger Sonzogno griff die Idee auf – wenn er nicht sogar der erste gewesen war, der sie verkündet oder zumindest formuliert hatte – und schrieb einen Wettbewerb aus. Wie oft ist ähnliches getan worden, seit das Verlegerwesen mächtig gewachsen war und auch Opernhäuser selbst ihre richtunggebende Rolle im »Musikbetrieb« des späteren 19. Jahrhundert erkannt hatten! Es wäre verlockend, die Ergebnisse dieser Wettbewerbe statistisch zu erfassen; daß sie letztendlich enttäuschend wären, steht ziemlich außer Frage. Man muß gar nicht an das »Bonmot« des »alten« Hellmesberger, Konzertmeister der Wiener Philharmoniker, denken, der sagte: »Je preiser ein Werk gekrönt ist, desto durcher fällt es…« »Die Zahl der auf Bestellung geschriebenen oder in Wettbewerben siegreichen Meisterwerke ist verschwindend klein. Sucht man ein positives Gegenbeispiel, so kommt man immer wieder auf jenen Wettbewerb, auf den »Concorso Sonzogno« im Jahr 1888. Denn ohne ihn gäbe es höchstwahrscheinlich keine »Cavalleria rusticana«, aber es gäbe wohl auch, seltsame und nicht ganz erklärliche Folge davon, keinen »Bajazzo«.

Zwar hat sich die Teilnahme dieses »Bajazzos« am besagten Wettbewerb des Jahres 1890 längst als Legende herausgestellt – eine der zahlreichen, die wir bereits im Leben Leoncavallos aufzählten –, aber selbst Bruno Walter glaubte noch an ihre Echtheit. Heute dürfen wir sicher sein, daß Leoncavallo die Ausschreibung gar nicht sah, als sie am 1. Juli 1888 in der Zeitschrift »Il Teatro Illustrato« erschien und die »giovani compositori italiani« aufforderte – wörtlich steht in der Überschrift: ermutigte (incoraggiamento) –, einaktige Opern zu einem Termin des Jahres 1890 einzureichen. Sehr fraglich wäre gewesen, ob Leoncavallo, mit einem riesigen Musikdrama in mehreren Abenden (»Crepusculum«) beschäftigt, sich für eine so entgegengesetzte Aufgabe überhaupt interessiert hätte. Nein, bei diesem Wettbewerb ist von ihm keine Rede. Und doch war dieser Wettbewerb der Stein des Anstosses, wie wir sehen werden, zur Dichtung und Komposition der »Pagliacci«, ja, zum Erwachen von Leoncavallos Genie.

Am 6. Mai 1890 verkündete die Jury des Sonzogno-Wettbewerbs (sie setzte sich aus fünf Komponisten zusammen, von denen – außer vielleicht Sgambati – alle vergessen sind) das Ergebnis: »Labilia« von Niccolò Spinelli, »Rudello« von Vicenzo Ferrari und »Cavalleria rusticana« von Pietro Mascagni werden als die drei besten Werke ausgewählt; die Zuerkennung der Preise nach ihrer Rangfolge aber soll den Aufführungen überlassen bleiben, die der Verlag veranstaltet. Eine ungewöhnlich

LEONCAVALLO: LEBEN UND WERK

kluge Maßnahme, denn letzten Endes entscheidet die Bühnen-
tauglichkeit über den definitiven Wert einer Theatermusik. Daß
Mascagnis Werk siegte, muß nicht weiter hervorgehoben werden: seine damaligen Konkurrenten sind längst vergessen.

Die Legende erzählt nun – und es klang so hübsch, daß man es
gerne hätte glauben wollen –, daß die Jury nicht nur Mascagnis
Werk preisgekrönt, sondern darüber hinaus die Aufmerksamkeit
auf ein anderes gelenkt hätte: Leoncavallos »Bajazzo«, dem sie
seiner zwei Akte wegen keinen Preis hätten gewähren können.
Es war nicht so. Leoncavallos Oper »Der Bajazzo« war noch gar
nicht geschrieben, nicht einmal geplant. Warum sollte der Dichter-Komponist erzählen: »…Nach dem Erfolg von Mascagnis
Cavalleria rusticana[*] verlor ich die Geduld und, überzeugt
davon, daß der Verleger Ricordi niemals etwas für mich tun werde, schloß ich mich verzweifelt zuhause ein, um eine letzte
Schlacht zu liefern; in fünf Monaten schrieb ich Libretto und
Musik zum 'Bajazzo'.…« Entnehmen wir daraus, daß die Oper
in der zweiten Jahreshälfte 1890 entstand.

In dieser Aussage wird nebenbei auf eine Verlagsangelegen-
heit angespielt, der es sich lohnt nachzugehen – im Bemühen um
Kenntnis der wahren Entstehungsgeschichte der »Pagliacci« .
Giulio Ricordi, Chef des weltbedeutenden Musikverlags Ricordi
und treuer Freund Verdis, scheint Anfang 1889 den kürzlich aus
Paris ins Vaterland heimgekehrten Leoncavallo empfangen zu
haben. Als Vermittler dürfte Victor Maurel eine Rolle gespielt
haben, der große Bariton, den Ricordi als Jago in Verdis »Otello«
bewunderte und mit dem der gute Pianist Leoncavallo in Paris als
Begleiter und Einstudierer gearbeitet hatte. Der Verleger las das
Textbuch zu Leoncavallos frühem Opernentwurf »I Medici« und
zeigte sich interessiert, was heute nicht recht verständlich
erscheint: Stil und Sprache sind »historisch« gefärbt, wirken
bewußt archaisch, »klassisch«. Entgegengesetzt also dem, was
der junge Verismus auf sein Panier geschrieben hatte. Ricordi
muß gespürt haben, daß hier ein Dichter am Werk war, ein gebo-
rener Dramatiker, der auch moderne Hörer ansprach. Er lud den
Autor zu sich mit der Bitte, sein Textbuch ihm und geladenen Gä-
sten vorzulesen. Es wird berichtet, die Zusammenkunft habe mit

[*]   uraufgeführt im römischen Teatro Costanza am 17. Mai 1890

starkem Applaus für den jungen Autor geendet. Alles schien auf dem besten Wege, trotz des ein wenig rätselvollen Satzes, den Ricordi beim Abschied sprach:»Warten wir den Erfolg des ›Edgar‹ ab, bevor wir eine endgültige Entscheidung treffen…«

Was hatte die neue Oper Puccinis (deren Uraufführung bevorstand) mit Leoncavallo zu tun? Hätte im Falle eines Mißerfolgs von Puccinis zweitem Bühnenwerk Ricordi sich eventuell von diesem abgewandt und nun Leoncavallo entscheidend gefördert? »Edgar« fand eine geteilte Aufnahme, als er am 21. April 1889 über die Bühne ging, das Haus Ricordi – nun vom Sohn Giulios, Tito, repräsentiert – mußte noch weitere Anstrengungen unternehmen, um diesen begabtesten Musiker seiner Generation in die vorderste Reihe zu bringen und zum würdigen Nachfolger Verdis aufzubauen. Leoncavallo aber wurde vertröstet. Endlich, nach einiger Zeit wurde er gerufen, um einen Vertrag aus Ricordis Hand entgegenzunehmen. Leoncavallo sollte »I Medici« innerhalb eines Jahres vollenden; dafür erhielt er insgesamt 2400 Lire in Monatsraten von 200 Liren. Die Klauseln des Vertrages scheinen die üblichen. Doch ein ganz wichtiger, ja, der entscheidende Passus fehlt: der Verlag übernimmt keinerlei Verpflichtung, das Werk auf die Bühne zu bringen. Wozu denn, wenn nicht hierfür, braucht ein junger, unbekannter Autor einen mächtigen Verlag? Später hat ein Freund Leoncavallos gemeint, es sei Ricordi gar nicht um das Bekanntwerden des Werkes und seines Autors gegangen, sondern, gerade im Gegenteil, um deren »Beerdigung«, wie er sich ausdrückte. Es hieße zu niedrig von Ricordi denken, ginge man auf diese Vermutung ein, aber für einen kleinen Betrag – lächerlich klein im Verhältnis zu den Honoraren eines Erfolgsautors – war Leoncavallo letztlich mundtot gemacht, seine »Medici« zum Vergessen verurteilt.

Vielleicht meinte es Ricordi doch gut mit Leoncavallo, vielleicht wollte er ihn auch nur ein wenig »entschädigen«, vielleicht schätzte er ihn als Dichter wesentlich höher als seiner musikalischen Fähigkeiten wegen: er zog ihn überraschend zur Mitarbeit an Puccinis nächster Oper heran. Es sollte eine »Manon Lescaut« werden, obwohl dieses gleiche, äußerst dankbare Thema schon zweimal zuvor erfolgreich in Opern verwandt worden war: von den Franzosen Auber 1856 und Massenet im Jahre 1884. Zwei namhafte italienische Librettisten, Marco Praga und Domenico

Oliva, arbeiteten am neuen Textbuch für Puccini. Ricordi selbst, Mann mit großer Bühnenerfahrung, gesellte sich zu ihnen und zog schließlich noch Luigi Illica hinzu, der auf lange Zeit hin Puccinis Textdichter bleiben sollte. Dokumente, die vor nicht langer Zeit ans Tageslicht kamen, beweisen, daß Ricordi, der angesichts der Vielzahl der Librettisten keine Einigung erzielen konnte, sich an Leoncavallo wandte, um ihn zu einer Art Schiedsrichterrolle zu bewegen. Sein Name taucht im Zusammenhang mit Puccinis so erfolgreichem Werk nirgends auf; Puccini aber schrieb dem alten Kollegen und Freund einen überaus herzlichen Brief, in dem er für die »wirkungsvolle Hilfe« dankt und – nicht vereinbarte – dreihundert Lire überweist. Eine Summe, die immerhin ausreichte, Leoncavallo einen geruhsamen Urlaub verbringen zu lassen… Die Wirkung auf Leoncavallo muß zwiespältig gewesen sein. Puccini war sein Freund, aber viel mehr noch: Rivale. Er muß gefühlt haben, wie dieser ihn überholte. Und er sah keine Möglichkeit, mit ihm gleichzuziehen.

Da erfolgte der Donnerschlag von Mascagnis »Cavalleria rusticana«. Leoncavallo selbst gab zu, daß er ihn in Panik versetzte.

Der Aufbruch in den Ruhm

Jetzt oder nie, das war das beängstigende, aber vielleicht doch auch anspornende Gefühl, das Leoncavallo überfiel. Er muß alles andere unterbrochen und von sich abgeschüttelt haben, um sich ganz auf die neue Arbeit zu stürzen. Woher kam ihm der Gedanke hierzu? Und nun steht man – neben vielen weiteren Ungereimtheiten in diesem noch viel zu wenig erforschten Leben – vor der größten und sicherlich wichtigsten Frage, die es aufgeworfen hat.

Leoncavallo faßt plötzlich den Entschluß, es Mascagni gleichzutun, ihm auf dieses neue, auf einmal so ungeheuer erfolgreiche Gebiet zu folgen. Eine aufregende Geschichte, in knappster Form erzählt, einen sensationellen Vorfall kolportageartig – so wird man es später nennen – schildern, kein dramaturgisches Hilfsmittel verschmähen, das die Nerven anspannen und auf die Tränendrüsen des Zuschauers drücken kann. Er faßt den entscheidenden Grundgedanken. In angeblich nur drei Wochen wird das Textbuch niedergeschrieben. Eine gewaltige, aber nicht unglaubwürdige Leistung. Leoncavallo muß wie in Trance gearbeitet haben – wenn man einen solchen Rauschzustand überhaupt als Arbeit bezeichnen kann. In seinem Hirn, in seiner Seele leben Personen, die er ins Dasein gerufen hat. Sie lieben und hassen, sie treiben einander in den Wahnsinn, in die Verzweiflung. Es ist Leoncavallos genialste, ja vielleicht seine einzige wahrhaft geniale Stunde.

Als das Libretto fertig ist, hält es ihn nicht. Er eilt zu Ricordi, vor dessen Macht kluge Freunde ihn immer wieder warnten. Er fühlt sich längst getäuscht, ja hintergangen von diesem Mann. Und wieder das gleiche Spiel: »Sehr gut –, aber die Musik?« Erst solle der Autor diese vollenden, bevor man in Ruhe über dieses Projekt reden könne. Da reißt selbst dem gutmütigen Leoncavallo die Geduld. Er löst seine rechtlichen Verpflichtungen gegenüber dem mächtigen Ricordi, der sich merkwürdig nachgiebig zeigt. Hält er so wenig von diesem sonst stets so gemütlichen, freundlichen, höflichen, ja oft geradezu unterwürfigen Mann, der nun auf einmal in Wut ausbricht? Wenige Stunden später betritt der nun außer sich geratene Leoncavallo das Gebäude von Ricordis schärfstem Konkurrenten: Sonzogno. Zwischen beiden Häusern ist seit längerem ein Kampf um den Opernmarkt Italiens entbrannt. Ricordi, älter und weltberühmt, hielt sich seit langem an der Spitze – besaß er doch die Rechte auf alle Werke Verdis! Doch nun, bei der Uraufführung von Mascagnis »Cavalleria rusticana«, war es Sonzogno gelungen, einen guten Teil von Ricordis Vorsprung wettzumachen. 90 Vorhänge hatten diesen stürmischen Erfolg besiegelt und für alle Anwesenden zu einem unvergeßlichen Erlebnis gemacht. Sonzogno schien die junge Generation zu erobern, der »verismo« gehörte ihm. Der Inhaber, Eduardo Sonzogno, war nicht zugegen, als Leoncavallo in sein Verlagshaus stürmte; er befand sich in Florenz, wo er eben mit teilweise neuen Werken seines Hauses eine »stagione«, eine Opernsaison, organisierte. Leoncavallo, nun plötzlich zu allem entschlossen, besteigt sofort den nächsten Zug, liest Sonzogno in Florenz den Text der »Pagliacci« vor. Der Verleger zeigt sich tief beeindruckt, fragt nur noch nach den eventuellen Verpflichtungen, die den Autor an Ricordi binden könnten, nimmt erleichtert zur Kenntnis, daß diese gelöst seien und gelangt in Minutenfrist zum Übereinkommen mit Leoncavallo. Der soeben in Windeseile entstehende »Bajazzo« gehört ihm.

Sonzogno, ganz anders als seinerzeit Ricordi, setzt sofort einen Uraufführungsort fest: das namhafte Dal Verme in Mailand, ein von der Qualität der Aufführungen her sehr gutes Haus, das zeitweise zum echten Konkurrenten der »Scala« werden konnte. Leoncavallo glaubt zu träumen. Ein kräftiger Vorschuß auf die Hand, ganze 30% Beteiligung an den Einnahmen überzeugen ihn von der Wirklichkeit seiner neuen Lage.

Direktor des Mailänder Theaters Dal Verme war ein gewisser Superti. Zu seinen Lieblingswünschen gehörte seit langem, einmal den berühmten und seit »Otello« überaus populären französischen Bariton Victor Maurel als Gast an seine Bühne zu holen, aber es war ihm bisher nicht gelungen. Er dachte in erster Linie daran, den auch schauspielerisch ungemein gewandten Sänger in Ambroise Thomas' beliebtem »Hamlet« einzusetzen, eine der wenigen Opern des großen Repertoires, in dem die Hauptrolle keinem Tenor, sondern einem Bariton anvertraut ist. Maurel gastierte, wenn er nach Mailand kam, stets an der Scala. Nun aber war er bereit, mit dem Dal Verme abzuschließen; seine Bedingungen waren nicht so sehr materieller Art, er verlangte von Superti, neben dem »Hamlet« ein neues Werk singen zu dürfen – den »Bajazzo« seines Freundes Ruggero Leoncavallo.

Denn Leoncavallo hatte inzwischen den Wunsch Maurels erfüllt, die Rolle des Tonio durch ein bedeutendes Gesangsstück aufzuwerten. Er hatte sogar mehr getan, als der Sänger angeregt hatte: anstatt einer »dankbaren« Arie hatte er etwas gänzlich Neues geschaffen: eine Art gesungener Ouvertüre, den »Prolog«, dem im Verismus bald die Rolle einer grundlegenden, programmatischen Erklärung zugesprochen werden sollte. Daß nach sehr kurzem Orchesterspiel einer der Darsteller durch einen Schlitz des Vorhanges vor das Publikum treten und, schon im Kostüm seiner Rolle, eine aus glänzenden Gesangsphrasen zusammengesetzte, überaus wirkungsvolle Szene haben könnte: das war etwas gänzlich Neues. Es ging weit über das sizilianische Lied hinaus, das Mascagni seinem Turridu während der Ouvertüre der »Cavalleria rusticana«, noch unsichtbar hinter dem Vorhang, zugedacht hatte. Es ließ auch andere Versuche ähnlicher Art weit hinter sich und mußte als absolute Neuheit gelten. Es scheint zudem völlig logisch, dieses riesige Gesangsstück nicht

Canio in den Mund zu legen, dem Tenor, dem Oberhaupt der Komödiantentruppe, dem tragischen »Helden« des Dramas. Zu einer solchen Erklärung von Vorgeschichte und Prinzipien des Werkes war Tonio weit eher geeignet, aus dramaturgischen wie aus psychologischen Gründen. Ein wahrer Glücksfall war dazu, daß durch diesen Prolog dessen Rolle außerordentlich aufgewertet, ja neben Canio zur zweiten männlichen Hauptrolle wurde. So wurde Maurel gewonnen, so kam es ohne jede weitere Schwierigkeit zur Premiere, so wurde »Pagliacci« von den ersten Takten an zur vielbejubelten Oper.

Leoncavallo schien ursprünglich an »Il Pagliaccio« als Titel gedacht zu haben, wobei dieses Wort im Singular sich auf Canio bezog. Vielleicht war es wieder Maurel, der die Änderung in den Plural vorschlug. »I Pagliacci« wurde nun der definitive Titel, und in diesem Plural bedeutete es die gesamte Truppe, die an jenem verhängnisvollen Abend in den kleinen Ort Montalto-Uffugo in Kalabrien einzieht, um dort ihre Komödie zu spielen: Canio, Nedda, Tonio, Peppe, mit Wagen und Esel oder Maulesel und ein paar sicher nicht sehr üppige Dekorationen und Requisiten. Ja, im tiefsten Grunde konnte man unter allen diesen Pagliacci oder Bajazzi – es gibt keinen guten Plural im Deutschen für »Bajazzo« – viel mehr verstehen: alle Schauspieler der Welt, die sprechend, singend, tanzend auf der Bühne Rollen darzustellen haben, die vielleicht ihrem wirklichen Gemütszustand völlig entgegengesetzt handeln müssen. Zweiter gewaltiger Haupttreffer Leoncavallos, nach dem Prolog: Canios berühmt gewordene Arie mit dem Höhepunkt: »Lache, Bajazzo!« (»Ridi, pagliaccio!«). Lache, auch wenn dir das Herz bricht in diesem Augenblick tiefster Erschütterung und größten Schmerzens. Das verstanden alle Menschen rund um den Erdball. Und es war einer der Gründe, warum sie von dieser Oper so im Innersten angerührt wurden.

Die erste Rolle, deren Besetzung die feststand, war die des Tonio: Victor Maurel würde sie in der Welturaufführung (ein Wort, das es damals noch nicht gab) verkörpern, zweifellos meisterhaft, so daß eine wichtige Voraussetzung für den Erfolg gegeben war. Länger suchte man nach dem Tenor und fand ihn schließlich in Fiorello Giraud, einem noch jungen Sänger aus Parma, der wenige Monate zuvor Wagners »Lohengrin« in italienischer Sprache gesungen hatte. Für die Nedda wurde Adelina Stehle verpflichtet,

*Zwei berühmte Interpreten des Canio
Enrico Caruso ...*

eine kommende Primadonna (der übrigens Verdi in seiner letzten Oper, dem »Falstaff«, 1893 die bezaubernde Rolle der Nanetta anvertrauen sollte). Als erster Silvio war der bereits namhafte Mario Ancona vorgesehen, der aber im letzten Augenblick erkrankte und durch Mario Roussel anscheinend vollwertig ersetzt wurde. Zum ersten Harlekin Peppe wurde Francesco Daddi.

Von der wahren Bedeutung des designierten Dirigenten ahnten nur wenige Eingeweihte. Es war ein energischer junger Mann, der vor nicht langer Zeit kurz entschlossen vom ersten Cellopult auf das Kapellmeisterpodest gewechselt war, als der Leiter einer Oper plötzlich ausfiel. Seither galt er den Kennern als »Geheimtip«, wie man heute sagen würde. Er trug einen an den Enden hochgezwirbelten Schnurrbart – es war seine einzige Ähnlichkeit mit dem in jeder Beziehung gänzlich anders gearteten und anders aussehenden Leoncavallo –, einen kühn an den Krempen aufwärts gebogenen Hut, der sich gewissermaßen dem Schnurrbart parallel wölbte. Sein Blick war streng und unerbittlich, obwohl dies viel mehr seiner früh beginnenden Kurzsichtigkeit entsprang als einer charakterlichen Härte und Energie, die bald sprichwörtlich werden sollten. Sehr früh lernten die Orchester, vor ihm zu erzittern.

Die Legende berichtet von ihm, er sei einmal von einem sehr guten Orchester auf die Probe gestellt worden – wie es, auch heute noch, Brauch bei Anfänger-Dirigenten zu sein pflegt – durch falsche Noten, unpräzise Einsätze und ähnliches; er ließ unbeeindruckt weiterspielen, was die bereits frohlockenden Musiker zu immer gröberen Fehlern verleitete. Als das Stück zu Ende war, stand er einen Augenblick ruhig da, alle Augen waren gespannt auf ihn gerichtet. Er richtete seine von Natur kleine und schmächtige Gestalt so hoch auf, wie es das Orchester nicht erwartet hatte. Dann begann er mit leiser Stimme und ohne einen Blick in die Partitur zu werfen, die er ohnedies unbeachtet gelassen hatte: »Im Takt 17 hat die erste Flöte fis statt f gespielt, im Takt 32 die zweite Klarinette eine gebundene Note nochmals angespielt, im Takt 41 haben die Kontrabässe den punktierten Rhythmus völlig unsauber gebracht, im Takt 104 die Posaunen piano statt fortissimo geblasen…« Keiner der Fehler war dem erstaunlichen Ohr des jungen Mannes entgangen. Dann erhob seine Stimme sich zum Donnergrollen: »Sollte von nun an weiter so schlampig musiziert

... und Beniamino Gigli

werden, müßte ich die betreffenden Herren nach Hause schikken...« Und dann donnerte es: »... und keiner von ihnen wird jemals wieder unter meiner Leitung spielen!« Es war totenstill im Proberaum geworden. Dies war das erste Mal, daß ein Orchester vor diesem Jüngling zitterte, und bald taten es die Orchester der Welt – der junge Mann hieß Arturo Toscanini. »Si non è vero, è ben trovato«, sagen die Italiener: wenn es auch vielleicht nicht wahr ist, so ist es doch gut erfunden…

Toscanini dirigierte die Premiere der »Pagliacci« im Mailänder Teatro Dal Verme am denkwürdigen 21. Mai 1892. Er wurde zum Tag, an dem Italiens Verismus seinen zweiten großen Erfolg – nach Mascagnis »Cavalleria rusticana« zwei Jahre zuvor – feierte, der Tag, an dem ein neuer Name in die Operngeschichte einging: Ruggero Leoncavallo. Der Mann, von dem Puccini in einem einzigen Satz das Wesentliche erfaßte und es mit dessen Namen in Verbindung brachte: er hat den Kopf eines Löwen (»leone«) und das Herz eines Kindes. Er hätte ruhig sagen können: das Herz eines Pferdes (»cavallo«), ohne daß dies angesichts der Noblesse des Pferdes eine Beleidigung gewesen wäre. Mit Tieren hat auch ein Ereignis bei der Uraufführung zu tun: der Esel, der den Wagen der Komödianten und Schauspieler, der »pagliacci«, auf die Bühne, auf den Marktplatz von Montalto-Uffugo zog, glitt aus, fiel und rutschte bis an den Rand der Rampe, von wo aus er beinahe in den Orchestergraben gestürzt wäre. Man hat von vielen später berühmten Stücken anläßlich ihrer Premieren ähnliche Dinge erzählt – seit der damit berühmt gewordene Katze, die bei Rossinis »Barbier von Sevilla« seelenruhig über die Bühne spazierte, vom Darsteller des Basilio schließlich in den Zuschauerraum geworfen, von dort ebenso unsanft wieder zurückbefördert wurde, um dann, mit Recht beleidigt, würdevoll abzugehen –, aber daraus zu folgern, der Erfolg der »Pagliacci« habe »an einem Haar gehangen«, dürfte schlicht unwahr sein. Im Gegenteil: der überdurchschnittliche Erfolg stand bereits nach dem Prolog fest, der in Maurels Interpretation das Publikum fesselte und schließlich von den Stühlen riß. Es gab Wiederholungen, wie die Chroniken berichten: den »Glockenchor«, Neddas »Vogellied«, auch die große Tenor-Arie »Vesti la giubba« zweifellos und wohl manches andere. Ob Fiorello Giraud übrigens jenen Schluchzer am Ende dieser Arie schon so ausführte, wie er seit Caruso untrennbar zu ihr gehört?

Fünfzehn Vorhänge am Schluß, so ist es überliefert. Das ist zwar viel, sogar sehr viel, aber wenig im Vergleich zu den brausenden Ovationen, die über eine Stunde lang Verdi bei den Uraufführungen von »Otello« und »Falstaff« galten, zu den neunzig Vorhängen, die Mascagni am Ende seiner »Cavalleria rusticana« erlebt (und überlebt) haben soll. Aber es war ein starker, eindrucksvoller Erfolg, der sich an zahlreichen folgenden Abenden wiederholte. Es war der Aufbruch des Mannes »mit dem Kopf eines Löwen und dem Herzen eines Kindes« in den Weltruhm.

Die restlichen fünfundzwanzig Jahre

Die bis an sein Lebensende zumeist publizierten Abbildungen zeigen Leoncavallo in der Pose des »Bajazzo«-Triumphators. Keine Überheblichkeit ist in seinem Blick, und vom Ausdruck des »Es ist erreicht!« seines späteren Förderers, des Kaiser Wilhelm II. von Deutschland, ist er weit entfernt. Im Grunde ist er der einfache neapolitanische Junge geblieben; aber man merkt, daß er sich nun nicht mehr hinter den Erfolgen seiner Kollegen Puccini und Mascagni verstecken muß. Eine ruhige Befriedigung liegt in seinem Gesicht, das allerdings weit eher das eines sehr achtbaren bürgerlichen Vertreters als das eines genialen Schöpfers ist. Leoncavallo ist schon in jungen Jahren sehr korpulent, der gewaltige Kopf saß auf einem noch viel imposanteren Körper.

Nun war er also berühmt. Die Presse hatte zwar seine Oper keineswegs einmütig gut beurteilt. Ja, einige Kritiker fanden äußerst böse Worte für sie. Die Musik wurde allgemein als weniger gelungen eingestuft als der Text, dem man zumindest Wirksamkeit nicht absprechen konnte. Aber wieder einmal stellte sich heraus, daß das Urteil des Publikums wesentlich wichtiger ist als die Meinung der Kritiker. Die Übereinstimmung beider – der »Medien« (wie wir heute sagen) und zugleich des Publikums – ist kaum jemals zu erzielen. Erstaunlich im Falle des »Bajazzo« war die Ablehnung manches guten Musikers, so des äußerst schroffen Arrigo Boito, der diese Oper »ein widerliches Schauspiel« nannte. Der seinerzeit gefürchtete Wiener »Musikpapst« Eduard Hanslick sei weiter unten zitiert, der sich zwar im Falle Wagners (und damit im Zusammenhang auch Bruckners und Hugo Wolfs) irrte, aber dies durch ansonsten zumeist kluge und erkenntnisreiche Berichterstattung aufwog. Ihn im Falle des »Bajazzo« zu Wort kommen zu lassen, bereitet aufrichtiges Vergnügen. Er hatte das Werk zweimal in kurzem Abstand in Wien gesehen: einmal bei einem italienischen Gastspiel, sehr bald nach der Mailänder Premiere, noch im selben Jahre 1892 anläßlich einer bedeutenden Theaterausstellung, die weite Kulturkreise Mitteleuropas an den Strand der Donau brachte; und beim zweiten Mal in der Wiener Staatsoper, hier nach dem damals geltenden Brauch in deutscher – nicht einmal durch die Eile zu entschuldigenden – Übersetzung. Seine Eindrücke faßte Hanslick 1896 in der Abhandlung »Die moderne Oper« zusammen, die im 7. Teil seines Bandes »Fünf Jahre Musik« abgedruckt ist. Jeder Satz zeigt den »galligen« Kritiker (wie Wagner sich über eben diesen Mann ausdrückte, den er in der Gestalt des Beckmesser seiner »Meistersinger von Nürnberg« annähernd ebenso bösartig porträtierte), aber doch auch den schon halbwegs Überzeugten, den (von Beruf wie Charakter) Bissigen und den doch oftmals Mildgestimmten, der im Grunde gerne einmal lobte. Hier ist ein Ausschnitt aus seinem Aufsatz, der hier ein wenig gekürzt abgedruckt ist:

»Von den italienischen Aufführungen der ›Pagliacci‹ im Ausstellungstheater und im Theater an der Wien war mir ein widerlicher Nachgeschmack haften geblieben. Trotz der unleugbaren Vorzüge der Komposition und der Sänger fühlte ich mich bis heute voreingenommen gegen das Werk. Was war schuld daran? Nichts anderes, als die Barbarei des da capo. Signor Beltrami tritt im Harlekinskostüm vor den Souffleurkasten und singt einen langweiligen, langen Prolog, in welchem wir belehrt werden, daß der Schauspieler auch ein Mensch sei, sozusagen. Er geht ab, das Stück soll beginnen, aber das Publikum applaudiert wie toll, Beltrami eilt zurück, schwenkt sein Käppchen und beginnt aufs neue: ›Signore‹. Und wir müssen die ganze Predigt noch einmal aushalten. Schon etwas nervös gereizt, sehen wir den Vorhang aufziehen und hören nach einer kurzen Einleitung einen unermeßlichen Glockenchor, worin die Bassisten mit ihren hartnäckigen Bim-bam (F-C, F-C) unsere Geduld auf eine harte Probe stellen. Endlich kommen diese singenden Glockenschwengel zur Ruhe, und wir atmen auf. Zu früh! Ein fanatischer Applaus lockt die bereits hinter den Kulissen verschwundenen Choristen wieder hervor. Bim-bam, bim-bam – man glaubt verrückt zu werden und hört die folgenden besseren Nummern nur mit einer Art knirschenden Gerechtigkeitsgefühls an. So dringend es nottut, daß die stockende Handlung sich endlich vorwärts bewegt: das Vogellied Neddas muß auch repetiert werden. Nicht genug. Am Schluß des Aktes stürzt der von Eifersucht gequälte Prinzipal Canio nach einem kurzen Cantabile besinnungslos ins Zelt. Die Szene ist effektvoll komponiert und erregt unser tiefes Mitgefühl. Gleichsam um dieses Mitgefühl wieder zu vernichten und in galligen Ärger zu verwandeln, begehrte das Publikum die Verzweiflung Canios noch einmal zu sehen. Er stürzt also noch einmal außer sich, genau wie früher, in sein Zelt. So ist dieser erste Akt vier- bis fünfmal tumultuarisch unterbrochen und durch lauter da capos auf seine doppelte Länge ausgezerrt worden. Der Musikkritiker – welcher, wie der Schauspieler, doch auch sozusagen ein Mensch ist – gelangt somit an den wirklich hübschen zweiten Akt in einem Zustande zorniger Verbissenheit. Der Spektakel vom Ausstellungstheater wiederholte sich im Theater an der Wien noch viel ärger. So oft ich später das Wort ›Pagliacci‹ hörte, glaubte ich, der dicke Beltrami rufe hinter mir her: ›Signore!‹ und alle Glocken und alle Bassisten Wiens machten Bim-bam! dazu.

Von dieser fatalen Empfindung sehe ich mich durch die Aufführung im Hofoperntheater befreit. Herrscht doch bei uns das segensreiche Verbot des da capo-Singens! Auch der gefürchtete Glockenchor wirkt hier nicht so aufregend wie bei den Italienern, weil das Tempo weniger schleppend genommen und das ›Bimbam‹ der Bassisten gemildert wird. In einem Rückblick auf die italienischen Novitäten des Ausstellungstheaters hatte ich die Meinung ausgesprochen, es würden für das deutsche Theater die ›Pagliacci‹ den einzigen reellen Gewinn bedeuten. Schneller, als man gedacht, hat dieses Wort sich erfüllt: fast alle größeren Bühnen Deutschlands geben den ›Bajazzo‹ und mit günstigem Erfolg… Leoncavallos Musik verrät ein starkes heißblütiges Talent, einen nachdenklichen Kopf und eine geschickte Hand. Reichtum und Originalität kann man seiner melodischen Erfindung kaum nachrühmen. In jeder von Mascagnis Opern blitzen einzelne überraschende Funken von Genialität auf, wie sie in den ›Pagliacci‹ nicht vorkommen. Hingegen sind letztere einheitlicher im Stil als die ›Cavalleria‹ und machen gegen die ›Rantzau‹ und ›Freund Fritz‹[*] einen befriedigenderen Gesamteindruck.

---

[*] Opern Mascagnis.

Mascagni scheint mir das originellere Talent zu sein. Leoncavallo der bessere Musiker… Leoncavallo ist glücklich im Treffen des dramatischen Ausdrucks, im Ausmalen der Stimmung. Für diese Malerei verwendet er leider übertrieben grelle Farben, auch wo sie nicht hinpassen… Jede Wette kann man eingehen, daß Zuhörer, welche nicht eingeweiht in die Handlung, mit dem Rücken gegen die Bühne stehen, den ersten Chor für den Aufschrei eines fanatischen Revolutionspöbels halten werden. Dieser betäubende Posaunen- und Paukendonner, diese Hetzjagd durch alle verminderten Septimakkorde, dieses Fortissimo der kreischenden Singstimmen – was geht denn da vor? Harmlose Dorfbewohner freuen sich über das Eintreffen der Komödianten. Eine schöne Freude, eine liebe Bevölkerung!

Soll ich meine Leser in das Werk selbst einführen, so stolpere ich gleich über einen Stein des Anstoßes. Das ist der ›Prolog‹. Für meine Empfindung eine Geschmacklosigkeit ohnegleichen…«

Vom Siegeszug einer damals erfolgreichen Oper kann sich ein heutiger Komponist oder ein Musikliebhaber unserer Tage keinen Begriff machen. Er muß ihm wie ein Märchen klingen, denn seit langem ereignen sich solche einmütigen Jubelstürme, die eine damals »moderne«, also zeitgenössische Oper, in wenigen Jahren über ungezählte Städte der Erde wirbeln konnten, nicht mehr. Leoncavallos »Bajazzo« errang unmittelbar nach der Mailänder Premiere Publikumserfolge sondergleichen in Wien, Warschau, Berlin, Dresden, Prag, Moskau, Köln, Stuttgart, Leipzig, Madrid, Budapest, Petersburg, Barcelona, London, New York, Buenos Aires, Dublin, Edinburgh, Stockholm, Mexico, Basel, Philadelphia, Chicago, Boston… und dies alles noch vor Ende des Jahres 1893! 1894 gibt es Aufführungen in La Habana, Malta, Kairo, Riga, Bordeaux – ohne die zahllosen italienischen Bühnen einzubeziehen, die sich sofort nach der Uraufführung auf das Werk »stürzten«. Wie günstig sind auch die Voraussetzungen, es zu spielen! Einfache Bühnenausstattung, nur fünf Rollen! Für den Chor genügten, bei bescheidenen Provinzaufführungen, weniger als zwanzig Sänger.

Es geschah fast wie von selbst, daß die beiden »kurzen« Opernwerke, die so über Nacht das Musiktheater eroberten, zu einem kompletten Theaterabend zusammengespannt wurden:

LEONCAVALLO: LEBEN UND WERK

»Cavalleria rusticana« und »I Pagliacci«; so geläufig wurde diese Kombination, daß sie in den Theaterjargon als »Cav-Pag« einging. Doch natürlich wurden im Laufe der bald hundertjährigen Praxis noch eine Reihe anderer Zusammenstellungen versucht: »I Pagliacci« wurden mit Einzelstücken aus Puccinis »Triptychon« gespielt, etwa dem »Mantel« (»Il tabarro«) oder »Gianni Schicci«, vielleicht mit einer der Ravelschen Kurzopern »L'heure espagnole« oder »L'enfant et les sortilèges«. Denkbar ist auch eine Zusammenstellung der »Cavalleria« oder des »Bajazzo« mit einer Kurzoper Carl Orffs, der »Klugen« oder dem »Mond«. Schließlich ziehen manche Bühnen vor, zum Einakter Mascagnis oder dem Zweiakter Leoncavallos ein größeres Ballett zu bringen – der Phantasie des Theaterleiters ist keine Grenze gesetzt. Trotzdem hat die Kombination Cav-Pag sich doch als dauerhafteste erwiesen, was nicht uninteressante Gedankengänge auslöst. Nicht nur die Entstehungsgeschichte siedelt die beiden Werke nahe beieinander an. Sie ähneln einander auch in mancher Beziehung: im realistisch-veristischen Stil, im süditalienischen Milieu, im dörflichen oder kleinstädtischen Umfeld. Beides sind Eifersuchtstragödien, wenn auch mit verschiedenem Ausgang: bei Mascagni ersticht der beleidigte Ehemann den Liebhaber seiner Gattin, bei Leoncavallo der beleidigte Ehemann die Gattin selbst – und, eigentlich nur noch als »Zugabe« gewissermaßen, deren Liebhaber. In beiden Dramen wird über das Recht der Ehegatten zur Rache der nachgewiesenen Untreuen nicht diskutiert: wir sind in Süditalien, dem Land der männlichen Vorrechte, des »machismo«, des absoluten Besitztums, das der Mann über die Frau ausübt. Alfios Tat (in der »Cavalleria rusticana«), die Tötung des Rivalen im Zweikampf, wird als durchaus »natürlicher« Ausgang des Dramas empfunden. Um Ähnliches zu finden, muß man übrigens keineswegs so tief im Süden suchen. Die mitteleuropäische Literatur um die Jahrhundertwende ist voll von Beispielen dafür: in d'Alberts Musikdrama »Tiefland« wird diese Lösung vom Publikum durchaus als »Befreiung«, als gerechtes Schicksal empfunden.

Mit den »Pagliacci« ist Leoncavallos meteorenhafter Aufstieg im Grunde beendet. Was nun folgt, ist der krampfhafte, oft fast verzweifelte Versuch, sich auf dieser Höhe des Schaffens und des Ruhms zu halten. Es gelingt nicht, viel weniger noch als beim

217

Konkurrenten Mascagni. Es kann als tragisch gelten, daß Leoncavallo das »Genie einer einzigen Stunde« war; steigert es die Tragik noch, daß diese Stunde zugleich die erste Stunde war? Es gibt viele Bcispiele dafür, daß schöpferische Naturen in längerem, oft langsamerem Werdegang und mit zähen Anstrengungen sich zu ihrem Meisterstück emporarbeiten, das schließlich ihr Werk krönt. Leoncavallo aber und in fast gleichem Maße auch Mascagni erleben die umgekehrte Entwicklung: der Geniestreich am Anfang der Laufbahn, dem der unausweichliche Abstieg folgt.

Was Leoncavallo in der Zeit zwischen der »Bajazzo«-Premiere am 21. Mai 1892 und seinem Tod am 9. August 1919 schuf, erscheint aber doch als wichtig genug, um es näher zu besprechen, was in einem eigenen Kapitel erfolgen soll.

Zur Abrundung des Berichtes über »I Pagliacci« fehlt noch eine wichtige Untersuchung über eine Frage, die seit bald hundert Jahren immer wieder aufgeworfen wurde; stellt dieses Werk ein Plagiat dar oder nicht? Gibt es in der Entstehung dieser Oper irgendeinen »Verstoß« Leoncavallos, der seine Verdienste wesentlich schmälern müßte?

Die leidige Affäre um ein Plagiat Leoncavallos

Das Plagiat ist ein geistiger Diebstahl. Weist die juristische Definition des »gemeinen« Diebstahls schon eine ganze Reihe von Varianten auf (Entwendung, Veruntreuung, Unterschlagung, Raub usw.), so vervielfältigen sich die Möglichkeiten bei den zahllosen Formen geistiger Übernahme. Hier ist es manchmal kaum noch möglich, feinste Differenzierungen festzustellen. Es gibt sogar die extreme Ansicht, jedes geistige Schaffen sei im Grunde eine Art von Plagiat, da eine »Urschöpfung« so gut wie unmöglich und jedes Werk in irgendeiner Hinsicht einem anderen, vorhergegangenen »nachempfunden« sei. »Man ist immer der Sohn von irgend jemandem«, hat Beaumarchais gesagt und damit auf das gleiche angespielt: irgendwie, bewußt oder unbewußt, stehen wir immer auf den Schultern eines Vorgängers.

Kaum war »Der Bajazzo« Leoncavallos in Frankreich bekannt geworden, da wurde auch schon der wütende Protest des seinerzeit bekannten Schriftstellers Catulle Mendès laut, der behaupte-

LEONCAVALLO: LEBEN UND WERK

te, die Handlung der so erfolgreichen italienischen Oper sei genau seinem Bühnenschauspiel »La femme de Tabarin« entnommen. Der erbitterte Franzose drohte sogar mit gerichtlicher Klage. Doch dann geschieht etwas Merkwürdiges: Leoncavallo wehrt sich gegen den erhobenen Plagiatsvorwurf – Mendès sieht von allen Schritten ab, von seinem schweren Vorwurf wird viele Jahrzehnte lang nicht mehr gesprochen. Was hat Leoncavallo so Entscheidendes anführen können? Er beruft sich darauf, daß die Handlung seiner Oper einem wahren Begebnis nachgedichtet sei, einer Mordtat, deren »Zeuge« er im Alter von sieben (in Wahrheit: acht) Jahren in Montalto-Uffugo geworden sei und bei der sein Vater als Untersuchungsrichter eine bedeutende Rolle gespielt habe. Er konnte dabei auf eine Textstelle im »Prolog« hinweisen: »Jüngst taucht' in des Autors Seele jäh die Erinn'rung auf an ein Erlebnis, das tief ihn dereinst erschüttert…« Der »Beweis« schien stark genug, obwohl Leoncavallo nie leugnete, das Stück Catulle Mendès' gekannt zu haben. Und in diesem Stück kommt eine ganze Menge von Dingen vor, die mit der Handlung des »Bajazzo« ohne Anstrengung in Zusammenhang gebracht werden kann. In einem Brief, den Leoncavallo an Mendès schrieb, steht außer der erwähnten Rechtfertigung ein seltsamer Satz, in dem auf ein noch älteres spanisches Stück hingewiesen wird, dem wiederum »La femme de Tabarin« einiges zu verdanken scheint. Leoncavallo deutet also zumindest an, daß er bei einem Plagiatsvorwurf nicht schlechter dastünde als Mendès selbst. Um noch genauer zu sein, sei hier die Mitteilung erwähnt, die Leoncavallo der Öffentlichkeit übergab: »Catulle Mendès glaubte, als er einige Ähnlichkeiten zwischen dem Bajazzo und seiner Femme de Tabarin endeckte, ehrlich daran, ich hätte mein Sujet von ihm abgeschrieben, und leitete die Schritte zu einer gerichtlichen Vorladung ein, von der er aber dann anständigerweise in Form eines offenen Briefes im »Figaro«* Abstand nahm, nachdem er erkannt hatte, daß bereits vor ihm einige Tabarins geschrieben worden waren.«

Der vielleicht wichtigste vorangegangene »Tabarin« hieß »El drama nuevo« und stammte von dem spanischen, unter dem Pseudonym Estebañez schreibenden Dramatiker Manuel

---

* namhafte Pariser Zeitung

Tamayo y Baus. Mendès dürfte es gekannt haben und sehr wahrscheinlich auch Leoncavallo. Hat dieser von Estebañez und von Mendès »abgeschrieben«, hat Mendès Einzelheiten aus des Spaniers Drama entnommen und Leoncavallo dann aus »La femme de Tabarin«?

Keine dieser Vermutungen wird je glaubwürdig bestätigt oder entscheidend geleugnet werden können. Doch wozu Aufregung um eine Plagiatsaffäre, die an der Beurteilung des »Bajazzo« nichts ändern kann, nicht verständlich ist? Der Streit Leoncavallo-Mendès geriet denn auch sofort nach seiner Beilegung in Vergessenheit. Erst in unserer Zeit nahm Marco Vallora, ein italienischer Musikwissenschaftler, die Frage wieder auf. Er hat sehr verdienstvoll nachgewiesen, daß Catulle Mendès' Stück eine sehr feine und tiefgründige, leider vergessene Komödie ist, die tief in die auch bei Leoncavallo angesprochene Hanswurst-Problematik hineintaucht. Tabarin selbst ist übrigens eine historische Gestalt, ein Pariser Komödiant, der in den letzten Tagen vor der Französischen Revolution sein Zelt auf einem zentralen Platz der Stadt aufgeschlagen hatte und vor Publikum aus den höchsten Gesellschaftsschichten spielte. Tabarin tötete seine ungetreue Frau, aber nicht auf der »Bühne«, nicht als Teil eines Spiels, das schrittweise in Ernst übergeht wie bei Leoncavallo.

Das Theater auf dem Theater: seit jeher eine dankbare dramatische Idee, deren sich, zumindest seit Shakespeare, zahlreiche Bühnenautoren bedient haben. Hat einer vom anderen »abgeschrieben«, waren Calderón und Racine Plagiatoren? Man muß mit diesem Begriff vorsichtig sein, wenn auch zuzugeben ist, daß es, vor allem in der Musik, nicht wenige »echte« Plagiate gibt. Viel öfter jedoch handelt es sich um »Inspirationen«, deren Ursprung einem Dichter oder einem Komponisten wirklich nicht klar ist. Wieviele künstlerische Eindrücke sind im Leben jedes schöpferischen Menschen vergessen, verdrängt worden! Und es ist durchaus glaubwürdig, daß sie eines Tages plötzlich wieder auftauchen und unbewußt wirksam werden.

Der »Fall Leoncavallo« ist von mehreren Seiten untersucht worden. Die Aussage des Autors, sein »Bajazzo« beruhe auf dem Mordfall von Montalto, steht auf sehr unsicheren Beinen. Der Mord allerdings fand statt, wenn auch nicht an dem Tage, den Leoncavallo angibt: nicht am Feiertag des 15. August, den die Italie-

ner besonders festlich begehen (»Ferroagosto«) und der Leoncavallo also eine besonders gute Kulisse für Theaterspiel und Mord
zu bilden schien, sondern am 5. März (1865). Ruggero, ein Kind,
hat den Mord keineswegs »erlebt«; er selbst gibt einmal zu, dieser habe »nach« der Vorstellung stattgefunden, die an diesem
Abend von einer wandernden Komödiantentruppe in Montalto
gegeben worden sei. Die Akten verzeichnen »4 Uhr früh«. Was
hat den Knaben so erschüttert (wie er im »Bajazzo«-Prolog angibt)? Sein Vater hat sicherlich mehrere Bluttaten in jenen sieben
Jahren der Familie Leoncavallo in Kalabrien zu richten gehabt.
Die Tat hat mit jener des »Bajazzo« so gut wie nichts zu tun, die
Motive waren andere, der Tatort ein anderer, vor allem aber geschah die Tat im nächtlichen Dunkel einer einsamen Gasse –
während in Leoncavallos Stück ein größeres Publikum den Vor-
gängen gespannt zusieht und zu spät bemerkt, daß das Spiel in
tödlichen Ernst umgeschlagen ist. Warum also erfand der Autor
diesen Zusammenhang? Ob diese Frage juristisch relevant ist,
soll nicht geprüft werden; sie ist vor allem von psychologischem
Interesse.

Schuf Leoncavallo sich von vornherein ein Alibi, als er die
Anspielung auf das »wahre Ereignis« in den Prolog schrieb?
Nahm er an, niemand würde dieser Angabe nachgehen? Oder
glaubte er wirklich, seine Gestaltung des Dramas könne auf das
so wesentlich anders geartete Ereignis des Jahres 1865 zurückge-
führt werden? Allenfalls kann jener weit zurückliegende Mord
nicht mehr als einen kleinen Anstoß zur Oper gegeben haben.
Dann aber brachte der erwähnte Marco Vallora in einem Pro-
grammheft des Jahres 1895 der Opernsaison in Ravenna das Thema scharfsichtig aufs Tapet. Er folgt darin den Gedankengängen
der Biographin Teresa Lerario, die anscheinend die erste war, die
mehrere Daten im Leben Leoncavallos nicht mehr für glaubwürdig hielt, sondern damit begann, ihnen kritisch nachzugehen. Es
bleibt nichts anderes übrig, als ihren Zweifeln in mehreren Punk-
ten zu folgen. Der wichtigste: kann man Leoncavallos Textbuch
zum »Bajazzo« eine »unselbständige« Arbeit, ja ein Plagiat nennen? Im Sommer 1989 ist der renommierte Wiener Opernsach-
verständige Marcel Prawy zur Ausarbeitung einer Fernsehdoku-
mentation an den Ort der Geschehnisse gereist. Er gelangte nach
Montalto, dem bezaubernden kalabrischen Städtchen, und fand

sogar den Schauplatz des damaligen Theaterspiels. Er stand auch am Ort des Verbrechens, und er nahm genauen Einblick in die Akten der Gerichtsverhandlung. Auch er glaubt nicht an den Zusammenhang zwischen dieser Tat und Leoncavallos Libretto in einer mehr als äußerst losen Beziehung. Trotzdem wird heute kaum jemand so weit gehen, den Komponisten und Autor eines echten Plagiats zu bezichtigen. Hier liegt allenfalls der Einfluß von Erinnerungen vor, die im Gedächtnis Leoncavallos aufgestiegen sein dürften im Augenblick des Schaffens. Das Libretto ist nachweislich in unglaublich kurzer Zeit entstanden, laut Leoncavallos Angabe in drei Wochen. Auf keinen Fall dürfte er nach dem plötzlichen Entschluß, in Mascagnis Fahrwasser eine veristische Oper zu schreiben, Muße gefunden haben, Mendès' oder Estebañez' Texte zu suchen und zu lesen. Sie müssen – wenn überhaupt, dann nur in Einzelheiten – während der im rasenden Tempo erfolgenden Niederschrift des Librettos in seinem Gedächtnis aufgetaucht sein. Von einem bewußten »Abschreiben« kann und darf wohl keine Rede sein, dazu ist Leoncavallos Textbuch viel zu stark und zu eigenständig. Wieviele Schriftsteller, Romanciers, Komponisten haben sich bewußt oder unbewußt anregen lassen und doch völlig Persönliches geschaffen! Es ist ziemlich erwiesen, daß Leoncavallo bis zu jener Sternstunde, in der er – panikartig verzweifelt über Mascagnis Triumph – mit der erwähnten Hast an ein vorher nie überdachtes Werk geht, also ein Musikdrama über die Bühnentragödie eines Bajazzos nicht im Kopfe hatte. Fesselnd wäre es zu erfahren, wie er grade auf diesen Gedanken kam. Haben ihm da Erinnerungen an die Stücke des spanischen und des französischen Dramatikers den Weg gewiesen? Und selbst, wenn es so wäre, selbst wenn er in der überstürzten Themenwahl sich an diese Theatereindrücke erinnert hätte, dürfte wohl kaum von Plagiat gesprochen werden können; denn die Vorlagen nahmen in seinem Kopf neue Gestalt an. Die Parallelschaltung von Leben und Spiel als Grundidee seiner Oper ist jedenfalls Leoncavallos geistiges Eigentum –, wenn auch nicht so, wie Leoncavallo selbst es dargestellt hat. Mehrmals in diesem Buch haben wir Dinge in Frage stellen müssen, die offenkundig auf seine Angaben zurückgehen und in seinen viel zu wenig recherchierten Biographien zu lesen waren: unrichtig war das Geburtsdatum, das er angab. Unklar seine Literaturstudien in Bologna und deren Abschluß, die in der Kürze einer zweijährigen Studienzeit wohl zu einem Zwischenabschluß, kaum zu einer Art Lizenziat, keinesfalls zu einem Doktorat der Literatur gereicht haben können. Unklar bleiben seine »ägyptischen Erlebnisse«. Der über Nacht in den Ruhm Aufgestiegene war nun jahrelang ein Mann starken öffentlichen Interesses. Er wurde immer wieder nach Einzelheiten seines Lebens, seiner Laufbahn befragt. Da es daraus herzlich wenig Spannendes zu berichten gab, dürfte seine Phantasie manches Mal ein wenig mit ihm durchgegangen sein. Es lag ihm – wie begreiflich, wie allzu menschlich! – daran, sich als interessanter darzustellen, als er im Grunde wohl war. Und wievielen Menschen ergeht es so, daß sie eine des öfteren zum besten gegebene Erzählung eigener Erlebnisse schließlich für wahr halten! Wer sich ein wenig nur mit Leoncavallos Charakter beschäftigt, entdeckt in ihm (– wie schon Puccini fand – das Herz eines Kindes. Und welches Kind erzählt nicht gerne Geschichten und hält sie dann selbst für wahr? Einmal erfand das »Kind« Leoncavallo eine großartige, aufregende Geschichte. Und die Musen umstanden gewissermaßen in jenem Augenblick seine ärmliche Arbeitsstätte, und so schuf er »I Pagliacci«, das Drama des zu Tode verwundeten Bajazzo, der seine Theaterrolle nicht mehr zu Ende spielen kann.

Weitere Werke Leoncavallos

»I Medici«

Es war begreiflich, daß nach dem durchschlagenden Erfolg des »Bajazzo« – der im Jahre 1892 Leoncavallos erste Bühnenaufführung bedeutete – zahlreiche Theater nicht nur diese Oper spielen wollten, sondern zugleich nach weiteren Werken desselben Autors Ausschau hielten. Dabei kamen die fast vollendeten »Medici« zutage, die in des Dichter-Komponisten Plänen den Anfang einer Trilogie bilden sollten. Drei große Musikdramen über einzelne Etappen der italienischen Geschichte wären – ein wenig wie bei Richard Wagners »Ring des Nibelungen« – zu einem »Kolossalgemälde« vereinigt worden, das den (lateinischen) Namen »Crepusculum« (Abenddämmerung, Sonnenuntergang) führen würde. Doch nun verzichtete Leoncavallo auf die Fortsetzung (»Gerolamo Savonarola«, »Cesare Borgia«), vielleicht um den über Nacht gekommenen Ruhm nicht verblassen zu lassen. Er übergab dem Teatro Dal Verme in Mailand, das mit den »Pagliacci« einen wahren Haupttreffer erzielt hatte, die Partitur der »Medici«, die, nun natürlich als Sensation gewertet, am 10. November 1892, also nur sechs Monate nach dem Erstling ihres Schöpfers, in Szene gingen. Der Text stammt von Leoncavallo selbst, so wie dies auch bei allen folgenden seiner Opern der Fall ist. Er erzählt Ereignisse aus der bewegten Geschichte des Florentiner Adelsgeschlechts, von dem er vor allem Lorenzo und Giuliano De Medici auf die Bühne bringt; er mischt Staats- mit Liebesaffären und hat einige packende Szenen aufzuweisen. Natürlich hat die Musik Anklänge an den »Bajazzo«, und vielleicht ist es gerade diese Verbindung von »klassischem« Libretto mit volkstümlich-melodischer Musik, die ungereimt wirkt und so vom Publikum viel weniger enthusiastisch aufgenommen wird als das vorangegangene Werk. Immerhin kamen »I Medici« zwei Jahre später (27. Januar 1895) an die Mailänder Scala, wo wiederum Adelina Stehle in der weiblichen Hauptrolle der Simonetta Cattanei zu hören war, die das Werk am Dal Verme aus der Taufe gehoben hatte. Weitere Theater folgten, die Verbreitung war beträchtlich und reichte, neben vielen Bühnen Italiens, der

WEITERE WERKE

Schweiz, Deutschlands, Österreichs bis Südamerika. Aber nach wenigen Jahren verschwand die Oper, wohl für immer.

»Chatterton«

In dieser Oper, ihrer Planung nach ersten in der Laufbahn Leoncavallos, folgt der Autor einem Drama des bedeutenden französischen Romantikers Alfred de Vigny. Dessen Stück wurde 1835 in Paris uraufgeführt; es spielt 1770 in London und erzählt die tragische Geschichte des britischen Dichters Thomas Chatterton, der wundervolle Verse in altem, »klassischem« Englisch schrieb und sie, aus Furcht vielleicht, man könne ihn für unzeitgemäß oder unmodern halten, einem (von ihm erfundenen) Mönch Thomas Rowley des 15. Jahrhunderts zuschrieb. Seine Lebensuntüchtigkeit und die daraus entspringende Notlage, in der er sich stets befand, sowie die aufkeimende und schließlich erwiderte Liebe zur Gattin eines reichen Nachbarn, die Erniedrigungen, die er erleiden muß der tragische Tod der Geliebten und des Dichters selbst ergeben einen stark emotionalen Text, der aber nur teilweise gut komponierbar war. Vielleicht auch war Leoncavallo noch zu jung und theaterunerfahren, um durch eine energischere Umformung des an sich schönen Vigny-Buches ein besseres Libretto zu schaffen. Trotzdem gestaltete sich die Uraufführung der Oper in Rom am 10. März 1896 zu einem neuerlichen Triumph für den Dichter-Komponisten; die Chroniken berichten von zahlreichen Wiederholungen aufgrund von Applausstürmen, von 27 Vorhängen. Der Erfolg hielt nicht an, die internationale Verbreitung blieb gleich null. Den Freunden seltener Leckerbissen sei mitgeteilt, daß eine Gesamteinspielung des »Bajazzo« mit Placido Domingo in der Hauptrolle auf der letzten Seite der LP die schöne Romanze aus dem zweiten Akt des »Chatterton«, vom selben Tenor gesungen (»Tu sola a me rimani«), bringt.

»La Bohème«

Diese neben dem »Bajazzo« wahrscheinlich stärkste Oper Leoncavallos hat eine Vorgeschichte. Nach Puccinis etwas zweifel-

225

haftem Erfolg mit »Edgar« hatte er den eben aus Paris heimgekehrten alten Studienfreund Ruggero Leoncavallo getroffen; der erzählte begeistert von einem Buch, das er in Frankreich gelesen hatte und in dem er schöne Möglichkeiten für eine Oper sehen zu können glaubt: »„Scènes de la vie de Bohème« von Henri Murger. Puccini zeigte sich uninteressiert, die (übrigens ebenfalls französische) Geschichte der Manon Lescaut ging ihm bereits durch den Kopf. Als diese dann triumphal uraufgeführt und damit Puccinis Laufbahn einen entscheidenden Schritt vorangebracht worden war, trafen die Freunde einander wieder, zufällig, in den Straßen Mailands. Sie umarmten einander herzlich, beide hatten einander zu gratulieren, denn inzwischen war auch Leoncavallos »Bajazzo« von mitgerissenen Massen in den Erfolg gejubelt worden. Sie setzen sich gemütlich zu einem Kaffee nieder und haben einander viel zu erzählen. Schließlich fragt Leoncavallo: »Und woran arbeitest du jetzt?« »An einer ›Bohème‹!« antwortete ahnungslos Puccini. Wild springt der Freund auf: »Das darfst du nicht, das ist mein Stoff!« bringt er mühsam hervor. Puccini entsinnt sich in diesem Augenblick des lange zurückliegenden Gesprächs, daß er völlig vergessen hatte. Nun aber ist eine gütliche Einigung unmöglich geworden, beide »Bohèmes« sind bereits zu weit fortgeschritten. Wütend und als Todfeinde gehen Leoncavallo und Puccini auseinander. Das Wettrennen beginnt. Beide übrigens begeben sich zu den größten Zeitungen Mailands, in deren einer Puccini einen guten Freund seines Verlegers Ricordi hat und zu deren anderer Leoncavallos Verlag Sonzogno gute Beziehungen unterhält. Und so lesen die verdutzten Mailänder am nächsten Morgen, Maestro Puccini arbeite gegenwärtig an einer »Bohème«, die »demnächst« das Rampenlicht erblicken werde (wie es in dem einen Blatt steht), beziehungsweise Maestro Leoncavallo schreibe an einer »Bohème«, die bald zur Uraufführung gelangen werde (wie das andere Organ berichtet). Puccini gewinnt den Wettlauf, sein Werk ist bereits weiter gediehen, zudem stehen ihm mit Illica und Giacosa zwei der besten Librettisten Italiens zur Seite, während Leoncavallo, seiner Gewohnheit gemäß, selbst das Textbuch verfaßt und nicht wenig an Szenen und Versen feilt. Zähneknirschend muß Leoncavallo dem Rivalen den Vortritt lassen, dessen »Bohème« am 1. März 1896 in Turin erstmals über die Bühne geht. Trotzdem bleibt das Interesse an Leoncavallos Konkurrenzwerk groß. Er hat am 6. Mai 1897 sogar die wichtigere Uraufführungsstätte: das altberühmte Teatro Fenice in Venedig. Und sein Ensemble, mit der glänzenden Rosina Storchio als Mimi, ist dem Puccinis ebenbürtig. Einen Blick in die Intrigenwelt des Theaters (und besonders des Musiktheaters) erlaubt die merkwürdige Tatsache, daß der Verlag Ricordi, dem Puccinis Werke gehörten, genau eine Woche vor der Premiere Leoncavallos, Puccinis »Bohème« auf einer anderen venezianischen Bühne, dem Teatro Rossini, mit einer Glanzbesetzung spielen ließ. Doch Leoncavallos Werk erzielte einen durchschlagenden Erfolg, der Vergleich seiner »Bohème« mit jener Puccinis fiel durchaus nicht immer zugunsten der letzteren aus. Tatsächlich muß die Partitur Leoncavallos als meisterlich angesprochen werden. Die Folge der Szenen weicht mitunter stark von jener Puccinis ab; bei Leoncavallo ist der Poet Rodolfo ein Bariton, der Maler Marcello ein Tenor, Mimi (wie bei Puccini) ein Sopran, Musetta hingegen ein Mezzosopran. Die Zahl der Rollen ist bei ihm etwas größer. Wie hoch bedeutende Musiker das Werk Leoncavallos einschätzen, geht aus der Tatsache hervor, daß Gustav Mahler, Direktor der Wiener Hofoper, diese und nicht Puccinis Oper zuerst an sein Musiktheater brachte, dem eine führende Rolle im internationalen Opernbetrieb zukam. Zwei hochwertige Vertonungen des französischen Romans waren in die Welt getreten und lieferten einander durch Jahre einen heftigen Konkurrenzkampf. Mit Puccinis stets steigendem, Leoncavallos aber eher abnehmendem Ruhm entschied sich auch das Schicksal der beiden »Bohèmes«: die von Puccini beherrscht die Theater der Welt, jene von Leoncavallo wurde zum Außenseiter, dem zu begegnen doch stets Freude beim Opernliebhaber auszulösen vermag.

»Zazà«

Mit dieser Oper kehrt Leoncavallo in gewissem Sinne zum Verismo zurück, er wählt einen Stoff aus der eigenen Zeit (der von Berton und Simon zu einem Theaterstück verarbeitet worden war), dem er ein eigenes, realistisches Libretto zu Grunde legt. Zazà ist eine Kaffeehaussängerin, viel umschwärmt und bewundert wegen ihrer Schönheit, aber auch ihrer Lieder. Zwei Männer sind es besonders, die sich um ihre Gunst bewerben. Sie wird die Geliebte Milio Dufresnes, der ihr verheimlicht, verheiratet und Vater eines Kindes zu sein. Ihr Kollege Cascart, der sie glühend verehrt, deckt ihr gegenüber das Doppelleben Milios auf und führt so über eine dramatische Begegnung in dessen Hause nicht das Ende der Liebe, aber der Beziehung herbei.

Auch diese Oper Leoncavallos war, von der Premiere im Teatro Lirico in Mailand am 10. November 1900 angefangen, erfolgreich und hielt sich jahrelang auf den Bühnen der Welt. Berühmte Sänger interpretierten die nur drei Rollen der Besetzung. Die Titelrolle wurde bei der Uraufführung wieder von Rosina Storchio gesungen, zu den späteren Zazàs gehörte auch die gefeierte Hariclée Darclée, die Baritonrolle des eifersüchtigen Sängers wurden u. a. von Titta Ruffo interpretiert, der damit auch weiterum gastierte, so in Buenos Aires, sowie von Ricardo Stracciari und Piero Cappuccilli.

»Der Roland von Berlin« (»Il Rolando«)

Über viele Jahre hinweg hatte der deutsche Kaiser Wilhelm II. lebhaftes Interesse an der Musik Leoncavallos bekundet. Nun faßt er den für weite Kreise überraschenden Entschluß, den italienischen Komponisten zur Schaffung einer deutschen Festoper heranzuziehen, in welcher der Aufstieg der Familie Hohenzollern zur höchsten Macht geschildert und gefeiert werden sollte. Die textliche Grundlage bildete das vieraktige (deutsche) Schauspiel von Willibald Alexis »Der Roland von Berlin«. Leoncavallo schrieb, seiner Gewohnheit gemäß, den (italienischen) Operntext, den dann seinerseits Georg Droescher für die (deutsche) Uraufführung übersetzte. Der Inhalt der Oper ist in drei große Etappen gegliedert: das Jahr 1442, in dem die Hohenzollern Kurfürsten von Brandenburg wurden, das Jahr 1701, als Friedrich I. von Hohenzollern die preußische Königswürde übertragen erhielt, und schließlich 1871, als Wilhelm I. König von Preußen, zum Kaiser von Deutschland gekrönt wurde.

Die Uraufführung dieser Oper Leoncavallos fand in der Berliner Hofoper am 13. Dezember 1904 statt. Trotz eines riesigen

*Diese Leoncavallo-Karikatur entstand 1904 anläßlich der
Aufführung von „Der Roland von Berlin".*

Aufwands – gewaltige Chöre, 19 Solisten, ein wahres Heer von Statisten auf der Bühne – war der Beifall eher höflich als herzlich. Leoncavallo wurde mit einer hohen Auszeichnung geehrt (die er übrigens elf Jahre später, als Italien in den Krieg gegen Deutschland eintrat, mit einem schroffen Schreiben nach Berlin zurücksandte). Die Berliner Hofoper hatte an nichts gespart: unter den Sängern fanden sich so illustre Namen wie Emmy Destinn, Geraldine Farrar, Paul Knüpfer u. a. Die Verbreitung dieses Werkes hielt sich in engsten Grenzen, seit sehr langer Zeit ist es völlig von den Bühnen verschwunden, nachdem wenigstens (am 19. Januar 1905) Neapel das Werk nach Italien gebracht hatte.

»Maià«

Ein ländliches Drama, dessen Text von Paul Chaudens stammt, also zum ersten Mal kein eigenes Libretto, das Leoncavallo in Musik setzt. Die Uraufführung fand im Teatro Costanzi in Rom am 15. Januar 1910 statt. Die Presse fand einiges zu loben – das Lokalkolorit der Camargue, wo das Stück spielt, einige Tänze und Chöre mit folkloristischem Einschlag, denen der Dirigent Leben einzuhauchen wußte: es war… Pietro Mascagni! Den stärksten Erfolg fand die Partitur im Hoftheater zu Berlin, ein Jahr später. Aber auch er währte nur kurze Zeit, der Abstieg Leoncavallos wird mit jedem seiner Werke deutlicher.

»Malbruck«

Wieder macht Leoncavallo sich an ein fremdes Libretto, was um so erstaunlicher war, als er mit fremden Libretti nie den Erfolg der Werke erreichen konnte, deren »Doppelautor« er gewesen war. Angelo Nessi schrieb dieses Buch, das Leoncavallo gleichzeitig mit »Maià« in Musik setzte. Die Uraufführung fand nur fünf Tage nach der von »Maià« statt: im Teatro Nazionale in Rom, am 20. Januar 1910. Es ist eine mittelalterliche Komödie mit großem Personal, mäßig komisch und nicht selten als Operette bezeichnet. Als solche wird es in den darauffolgenden Jahren auch manchmal von Wandertruppen dieses Genres gespielt, aber die Ergebnisse rechtfertigen nur selten die außerordentlich hohen Kosten der Inszenierung.

»La reginetta delle rose«

Operette. Text: Giovaccino Forzano. Uraufführungen gleichzeitig am 24. Juni 1912 in Rom (Teatro Costanzi) und Neapel (Politeama).

WEITERE WERKE

»Zingari«

Operette. Libretto: Enrico Cavacchioli und Guglielmo Emanuel. Uraufführung am 16. September 1912 im Hippodrome-Theatre in London, unter der Leitung von Ruggero Leoncavallo.

»La Candidata«

Operette. Libretto: Giovacchino Forzano. Uraufführung am 6. Februar 1915 im Teatro Nazionale zu Rom. Bemerkenswert eine »Hymne der Frauen«, die im Stil der damaligen Suffragetten oder Feministinnen gleiche Rechte und gleiche Lebensbedingungen für die Frauen fordert.

»Mameli«

Historische Oper. Uraufführung am 27. April 1916 im Teatro Carlo Felice in Genua. Beim Verfassen des Librettos war Gualtiero Belvederi der Mitarbeiter Leoncavallos, der die Premiere selbst dirigierte.

»Prestame tua moglie«

Musikalische Komödie, uraufgeführt in den Thermen von Montecatini am 2. September 1916, zugleich mit

»A chi la giarrettiera?«

Operette, Text von Edmondo Corradi.

»Edipo Re«

Die griechische Sage vom König Oedipus ist durch die Jahrtausende immer wieder neu erzählt, aber auch neu vertont worden.

WEITERE WERKE

Bevor sich in neuerer Zeit Igor Strawinsk wieder einmal an dieses große Thema wagte, wurde es – man kann wohl sagen: merkwürdigerweise – von Leoncavallo aufgegriffen, der sich seit vielen Jahren fast nur noch mit leichteren Stoffen abgegeben hatte. Möglicherweise legte ihm der bedeutende Bariton Titta Ruffo nahe, sich mit einem solchen Drama wieder in die vorderste Reihe der Opernkomponisten zu heben, der er vor mehr als einem Vierteljahrhundert kraft seines »Bajazzo« angehört hatte.

Sophokles hatte die Sage, wahrscheinlich erstmals von Aischylos im Rahmen einer Trilogie gestaltet, in hohe künstlerische Form gebracht. Als König Laios von Theben durch ein Orakel erfährt, sein Sohn Oedipus werde ihn töten, läßt er das Kind aussetzen. Von einem Hirten gerettet, wird der Königssohn in einem fremden Land erzogen, kehrt aber nach Jahren heim, um seine Eltern zu suchen. An einem Kreuzweg erschlägt er in einem Streit einen alten Mann, ohne zu ahnen, daß es der König von Theben sei, sein Vater Laios. Er erfährt von der Not des Volkes, das von einem Ungeheuer bedrängt wird. Wer es davor rette, solle die Hand der nun verwitweten Königin erhalten. Oedipus tötet die gefährliche Sphinx und wird Jokastes Gatte und damit König. Nach längerer, glücklicher Zeit verlangt das Orakel, man solle endlich den Mörder des früheren Königs suchen. Oedipus' Täterschaft als Mörder und Blutschänder wird aufgedeckt, verzweifelt sticht er sich die Augen aus und geht freiwillig in die Verbannung.

Giovacchino Forzano hat die Sage für Leoncavallo in einem einzigen Akt gestaltet, und das große Talent des Komponisten flammt, am Rande des Grabes, noch einmal auf. Er hat die Uraufführung nicht mehr erlebt: diese fand am 13. Dezember 1920 in Chicago statt, mit Titta Ruffo als großartigem Oedipus und dem bedeutenden Gino Marinuzzi am Pult. Trotz eines wiederum beachtenswerten Anfangserfolgs, der an die Glanzzeiten Leoncavallos erinnerte, ging die Verbreitung des Werkes nur sehr schleppend voran: New York und Buenos Aires folgten, aber erst 1939 gab es (im italienischen Rundfunk) eine Art europäischer Premiere, der ebenfalls im Rundfunk Produktionen in Holland und der Schweiz folgten. 1958 (das Jahr, in dem man damals noch den hundertsten Jahrestag von Leoncavallos Geburt annahm, der erst nachher in 1857 als Geburtsjahr korrigiert wurde)

232

brachte in Italien die erste szenische Aufführung in Europa, der am 19. September 1971 die erste deutschsprachige Aufführung in der Staatsoper Dresden folgte. »Edipo Re« – im Deutschen »König Oedipus« – gehört zur Reihe jener Werke, über deren Komposition der Autor starb. Ähnlich wie bei Busonis »Dr. Faust« und bei Puccinis »Turandot« vollendete ein Schüler und Freund, G. Penaccio, die letzten Seiten der Partitur, wahrscheinlich nach bereits vorliegenden Skizzen Leoncavallos, der am 9. August 1919 gestorben war.

Leben und Werk Ruggero Leoncavallos
Zeittafel

1857   Am 23. April 1857 – und nicht am 8. März 1858, wie er selbst später immer behauptete – wurde Ruggero (frühere Schreibweise oft: Ruggiero) als Sohn eines höheren Polizeifunktionärs und -richters, Vincenzo Leoncavallo, und dessen Gattin Virginia d'Auria in Neapel, Riviera de Chiaia 102, geboren.

1862   Nach einer kürzeren Tätigkeit in Eboli bei Neapel wird Leoncavallos Vater nach Montalto Uffugo in Kalabrien versetzt, wohin er seine Familie mitnimmt. Das Städtchen oder größere Dorf dürfte damals zwischen fünf- und sechstausend Einwohner gehabt haben (es heißt heute Montalto di Calabria); in Ruggeros Biographie spielt es nur deshalb eine – wahrscheinlich eingebildete oder von Leoncavallo bewußt überbetonte – Rolle, weil sich hier im Jahre 1865 jener Mord oder Totschlag ereignete, den er später als Ausgangspunkt seiner Oper »I Pagliacci« ausgab.

1868   Der Vater wird nach Cava de' Tirreni versetzt, die Familie läßt sich wieder in Neapel, in der Via Tribunale 181, nieder. Ruggero bezieht das Institut »Vittorio Emanuele«, wo er bis zum Abitur bleibt.

1873   Tod der Mutter, kurz nach der Geburt ihres dritten Sohnes. Vater Leoncavallo wird nach Potenza versetzt, Ruggero aber bleibt in Neapel, wo er das Konservatorium absolviert. Hier widmet er sich vor allem dem Klavierspiel, in dem ihn Beniamino Cesi unterrichtet.

1876   Mit einem guten Abgangsdiplom beendet Leoncavallo seine Studien im Konservatorium von Neapel.

1877   Leoncavallo geht an die Universität von Bologna, wo er in zwanzig Monaten bei dem großen Dichter Giosuè Carducci (Nobelpreis 1906) einen Titel erwirbt, über den es keinerlei Dokumentation gibt, und wo er angeblich mit Richard Wagner zusammentrifft. Der deutsche Meister soll ihm zu seinem Plan einer histori-

ZEITTAFEL

schen italienischen Trilogie Mut gemacht haben, so daß er, nach Beendigung seiner ersten Oper »Chatterton«, sich an die Komposition des ersten Teils des »Crepusculum« machte: »I Medici«.

1878 Leoncavallo reist nach Ägypten, wo ein Onkel im Staatsdienst ihn als Musiker beim Bruder des Vize-königs unterbringt, er wird dann später zum Leiter oder Inspektor aller Militärmusiken ernannt.

1880(?) Es gelingt Leoncavallo, den ausbrechenden Kriegswir-ren zu entkommen und in einem abenteuerlichen Ritt durch die Wüste zur Küste zu gelangen, wo er sich, nicht ohne ein Konzert in Port Said gegeben zu haben, nach Frankreich einschifft. Die gesamte Ägyptenreise Leoncavallos ist äußerst spärlich dokumentiert, die meisten Nachrichten und Daten stammen vom sehr phantasievollen Leoncavallo selbst.

1881(?) Leoncavallo läßt sich in Paris nieder, wo er in Kaffee-häusern Klavier spielt und zahlreiche Sänger, Chan-sonniers und Chansonnetten begleitet sowie gelegent-lich eigene Lieder beisteuert, eines Tages auch die in aller Welt bekannte »Mattinata«. Er lernt nicht wenige namhafte Meister kennen, so Jules Massenet, der ihm seine Lieblingssängerin Sibyl Sanderson anvertraut, mit der er die Rolle der Manon sowie der Esclarmonde in der gleichnamigen Oper einstudiert. Es steht nicht fest, wann der nun in der Sängerwelt als guter Beglei-ter anerkannte »Piccolo italiano« den berühmten fran-zösischen Bariton Victor Maurel kennenlernte, der ihm wegen des interessanten Textbuches zu »I Medi-ci« sowie mehrerer Kompositionen hoch schätzte und wahrscheinlich nach Italien mitnahm, als er an der Mailänder Scala (am 5. Februar 1887) den Jago in Verdis »Otello« kreierte.

1888 Leoncavallo heiratet die junge Sängerin Berta Ram-baud, Tochter eines Marseiller Offiziers.

1890 Mit dem Wettbewerb des Verlags Sonzogno, bei dem Mascagnis »Cavalleria rusticana« und ihr Komponist über Nacht in den Weltruhm katapultiert werden, ent-scheidet sich auch Leoncavallos Schicksal, obwohl es mit dem Wettbewerb nicht das mindeste zu tun hat. Leoncavallo sieht, er gibt es selbst zu, mit Neid den plötzlichen Aufstieg seines Kollegen Mascagni. Sein Entschluß ist sofort gefaßt: er muß eine Kurzoper in veristischem Stil schreiben. Es wird – »I Pagliacci« (»Der Bajazzo«). Maurel will darin singen, verlangt aber eine »große Arie«, woraus der berühmt gewordene »Prolog« wird. Es folgt noch ein verwirrendes Spiel zwischen den beiden großen Verlagsrivalen Ricordi und Sonzogno, in dem dieses Mal der letztere siegt.

1892   Am 21. Mai erlebt Leoncavallo mit der Uraufführung seiner »Pagliacci« das umfaßbare Glück Mascagnis: über Nacht aus dem Nichts in den Ruhm und bald in den Reichtum. Das Werk erklingt im Mailänder Theater dal Verme, das damit den wohl größten Triumph seiner Geschichte erlebt. Noch im selben Jahr, am 5. Dezember, erfolgt die deutsche Erstaufführung in der Berliner Königlichen Oper.

1893   Der Siegeszug des »Bajazzo« setzt sich fort: Wien, Prag, Budapest, London, New York, Buenos Aires, Stockholm, Mexico, Basel, Moskau usw. Am 10. November wird, wieder im Teatro dal Verme, Leoncavallos frühere Oper »I Medici« uraufgeführt, auf deren Erweiterung zur Trilogie der Dichter-Komponist nun offenkundig verzichtet hat. Der Anfangserfolg hält nicht lange an.

1894   In diesem Jahre könnte sich die zufällige Begegnung Leoncavallos mit seinem alten Freund und Studienkameraden Giacomo Puccini abgespielt haben (die Puccinis Biograph A. Fraccaroli allerdings in den Spätherbst 1893 verlegt), bei der die beiden frischgebackenen Berühmtheiten – Leoncavallo durch »I Pagliacci« 1892, Puccini durch »Manon Lescaut« 1893 – entdeckten, daß sie beide daran waren, den gleichen Stoff (H. Murgers »Bohème«) in Opern zu verwandeln. Der »unschuldig Schuldige« war Puccini, den der Kamerad vor längerer Zeit auf diesen Text als gute Vorlage für Musik aufmerksam gemacht hatte, doch

ZEITTAFEL

Puccini hatte damals kein Interesse. Dann aber, als er das Buch selbst las, hatte er die kleine Episode längst vergessen. Vergessen war allerdings nun auch die alte Freundschaft ...

1895 Um dieses Jahr gingen »I Pagliacci« unvermindert triumphal um die Welt. Doch eines Tages mischte sich, nach der Aufführung in Paris, ein unfreundlicher Kontrapunkt in die jubelnden Akklamationen des Publikums. Der namhafte französische Autor Catulle Mendès beschuldigte Leoncavallo des Plagiats an seiner 1887 erschienenen Komödie »La femme du Tabarin«. Der italienische Meister mußte sich verteidigen, da tatsächlich viele Ähnlichkeiten festzustellen waren. Da tauchte ein weiteres Werk auf, dessen Grundidee ebenfalls Berührungspunkte mit beiden Stücken aufwies: es handelte sich um »Drama Nuevo« des Spaniers Manuel Tamayo y Baus (Theatername: Estebañez*), das aber aus dem Jahr 1867 stammt, 20 Jahre älter ist als das Stück Catulle Mendès' und 25 Jahre älter als »Der Bajazzo«. Entlastet das Leoncavallo, belastet es Mendès? Die Klage des Franzosen wurde zurückgezogen, zu einem klärenden Prozeß kam es nie. Leoncavallo behauptete – seit damals? –, er habe sein Werk nach einer wahren Begebenheit geformt, einem Mordfall, der ihn als Fünfjährigen in Kalabrien tief beeindruckt habe. (Inzwischen ist dieser Kriminalfall, in dem Leoncavallos Vater als Richter fungierte, rekonstruiert worden. Er weist so gut wie keine Parallelen zum »Bajazzo« auf.)

1896 Am 1. März geht (in Turin) Puccinis »Bohème« erstmals über die Bühne, Leoncavallo hat dieses Wettrennen, vorläufig zeitlich, verloren. Zehn Tage später, am 10. März, erlebt seine eigene Oper »Chatterton«, nach Alfred de Vignys Schauspiel, ihre recht erfolgreiche Premiere.

1897 Am 6. Mai wird nun Leoncavallos »Bohème« im Tea-

---

* gesprochen: Estebannjes, mit Betonung auf dem a und dem End-s leicht gelispelt

ZEITTAFEL

tro Fenice zu Venedig uraufgeführt. Die Neugier ist groß, die Aufnahme mehr als freundlich, eine Zeitlang gehen die beiden »Bohèmes« gleichzeitig um die Welt, bis Puccinis Werk schließlich deutlich Sieger bleibt.

1900   Der Wettstreit mit Puccini geht weiter: dessen »Tosca« erringt in Rom einen Riesenerfolg, aber auch Leoncavallos »Zaza« findet im Teatro Lirico in Mailand am 10. November ein begeistertes Publikum. Arturo Toscanini dirigiert, die junge Rosina Storchio singt, nachdem sie schon Leoncavallos Mimi in (»La Bohème«) erstmals interpretiert hatte, die Titelrolle. (Ihre nächste große Premiere wird die Uraufführung von Puccinis »Madama Butterfly« sein.)

1902   Für eine bevorstehende Aufführung der »Pagliacci« in Paris fordert Leoncavallo, wohl um den Gerüchten über sein »Plagiat« die Spitze abzubrechen, den Bühnenbildner Rocco Ferrari auf, die Dekorationen genau dem Marktplatz von Montalto Uffugo anzupassen.

1904   In der Berliner Hofoper und in deutscher Sprache erfolgt die Premiere von Leoncavallos nächster Oper (13. Dezember). Kaiser Wilhelm II, seit langem begeisterter Anhänger Leoncavallos, hat die Festoper »Der Roland von Berlin« bestellt. Interpreten sind illustre Sänger: Emmy Destinn, Geraldine Farrar, Baptist Hoffmann u. a. Der Erfolg ist mäßig und hält nur kurz an.

1907   Erste Platteneinspielung von »I Pagliacci« unter Carlo Sabajno und Oberaufsicht Leoncavallos, mit Antonio Pini-Corsi als Canio.

1910   Uraufführung der Oper »Maià« am 15. Januar im Teatro Costanzi, Rom. Kein nennenswerter Erfolg. Das Libretto dieses Mal nicht vom Komponisten, sondern von Paul Chaudens, ins Italienische übersetzt von Angelo Nessi. Nur fünf Tage später, am 20. Januar, im Teatro Nazionale in Rom, eine weitere Opernpremiere Leoncavallos: »Malbruk« auf ein Libretto von Angelo Nessi. Das stark ins Operettenhafte gehende Werk findet vorübergehenden Erfolg.

ZEITTAFEL

1912 Gleichzeitig im Teatro Costanzi, Rom, und im Politeama Neapel geht am 24. Juni Leoncavallos Operette
»La Reginetta delle Rose« in Szene, eines der besten
Werke dieses Genres in Italien und lange Zeit immer
wieder gespielt, auch komplett auf Platten aufgenommen. Der Text stammt von Giovacchino Forzano, dem
Librettisten von Puccinis »Suor Angelica« und
»Gianni Schicchi«. Noch im selben Jahr, am 16. September, wird in London unter Leoncavallos Leitung
seine Oper »Zingari« uraufgeführt, deren Text von Enrico Cavacchioli und Guglielmo Emanuel stammt.
Dieser in gewissem Sinne Neuaufguß der »Pagliacci«
fand keine Gnade im Mutterland, nachdem er in Eng-
land und den USA einigermaßen gefallen hatte.

1915 Auf einen klugen Text von Giovacchino Forzano, der
sich mit der Gleichberechtigung der Frauen und politischen Zukunftsthemen beschäftigt, komponierte Leoncavallo die Operette »La candidata« (»Die Kandida-
tin«), die am 6. Februar im Tetro Nazionale in Rom
erstmalig in Szene ging.

1916 Uraufführung der Oper »Mameli« am 27. April im
Teatro Carlo Felice in Genua. Den patriotischen Text,
in dessen Mittelpunkt der Dichter Goffredo Mameli
steht (Verfasser einer populären italienischen Hymne),
schrieben der Komponist und Gualtiero Belvederi.
Leoncavallo dirigierte. Das zweifellos von der Kriegs-
stimmung jener Tage beeinflußte Werk ist vergessen.
Noch im selben Jahre, am 2. September, erfolgt im
Casino von Montecatini die Uraufführung der musikalischen Komödie oder Operette »Prestama tua moglie«
(»Borge mir deine Frau«) mit Text von Edmondo Corradi.

1919 Am 9. August stirbt Leoncavallo in den berühmten
Thermen von Montecatini in der Toscana, immer noch
und für immer »der Dichter-Komponist des ›Bajazzo‹«. Kurz zuvor wurde noch seine völlig vergessene
Operette »A chi la giarrettiera« in Montecatini uraufgeführt.

1920 »Edipo Re« (»König Oedipus«), vollendet hinterlasse

ZEITTAFEL

ne Oper Leoncavallos, wird am 13. Dezember 1920 im Auditorium von Chicago uraufgeführt. Der Komponist selbst hat den klassischen Text bearbeitet, der ungezählte Male im Laufe der Musikgeschichte in Musik gesetzt wurde. Er schrieb dieses eigentlich so ganz außerhalb seiner Linie liegende Werk für den großen Bariton Titta Ruffo, der dann auch die Titelrolle kreierte. Der mit der Uraufführung betraute Dirigent Cleofonte Campanini starb während der Probenzeit in Chicago, der ebenso prominente Gino Marinuzzi sprang für ihn ein. Der Eindruck war stark und zeigt sich auch jetzt noch, wenn das Werk, einige wenige Male, auf die Bühne kommt.

1925   Sechs nach Leoncavallos Tod adaptiert Salvatore Allegra einiges aus Leoncavallos hinterlassener Musik für einen Operettentext von Ferdinando Paolieri und Luigi Bonelli. Mit Einwilligung der Witwe wird die so entstandene »Maschere nuda« im Teatro Excelsior von Neapel am 2. Mai in Szene gesetzt, angeblich um deren schwierige materielle Lage zu mildern. Das Werk ging dann auf eine längere Italien-Tournée, aber der gute Zweck dürfte wohl nur vorübergehend erreicht worden sein. Wo waren die – zweifellos enormen – Tantiemen des »Bajazzo«? 26 Jahre nach Leoncavallo starb Mascagni, auch er in Armut. Puccini aber, der nur fünf Jahre nach Leoncavallo aus der Welt ging, hinterließ ein Vermögen ...

Diskographie

Zusammengestellt von Lotte Thaler, Frankfurt am Main.

Falls nicht anders angegeben, sind die Aufnahmen in italienischer Sprache gesungen

Ned: Nedda, Ca: Canio, Be: Beppo, To: Tonio, Si: Silvio Dir: Dirigent, Or: Orchester, Ch: Chor

1907   Ned: Josefina Huguet, Ca: Antonio Paoli, Be: Gaetano Pini-Corsi, To: Francesco Cigada, Si: Ernesto Badini, *Dir: Carlo Sabajno*, Or & Ch: Teatro alla Scala Milano HMV

1926   Ned: Miriam Licette, Ca: Frank Mullings, Be: Heddle Nash, To: Harold Williams, Si: Dennis Noble, *Dir: Eugene Goossens*, Or & Ch: British National Opera Company Columbia (in englisch)

1929   Ned: Adelaide Saraceni, Ca: Alessandro Valente, Be: Nello Palai, To: Apollo Granforte, Si: Leonildo Basi, *Dir: Carlo Sabajno*, Or & Ch: Teatro alla Scala Milano HMV

1930   Ned: Rosetta Pampanini, Ca: Francesco Merli, Be: Giuseppe Nessi, To: Carlo Galeffi, Si: Gino Vanelli, *Dir: Lorenzo Molajoli*, Or & Ch: Teatro alla Scala Milano Columbia

1934   Ned: Iva Pacetti, Ca: Benjamino Gigli, Be: Giuseppe Nessi, To: Mario Basiola, Si: Leone Paci, *Dir: Franco Ghione*, Or & Ch: Teatro alla Scala Milano HMV

DISKOGRAPHIE

1934 Ned: Queena Mario, Ca: Giovanni Martinelli, Be: Alfio
Tedesco, To: Lawrence Tibbett, Si: George Cehanovsky,
Dir: Vicenzo Bellezza, Or & Ch: Metropolitan Opera
New York Historical
Operatic Treasures ERR (live)

1941 Ned: Norina Greco, Ca: Giovanni Martinelli, Be: Alessio
de Paolis, To: Lawrence Tibbett, Si: Frank Valentino,
Dir: Ferruccio Calusio, Or & Ch: Metropolitan Opera
New York
The Golden Age of Opera – EJS (live)

1943 Ned: Hilde Scheppan, Ca: Helge Roswaenge, Be: Carl
Wessely, To Georg Hann, Si: Karl Schmitt-Walter, *Dir:
Artur Rother*, Or & Ch: Radio Berlin
DG (in deutsch)

1947 Ned: Florence Quatararo, Ca: Ramon Vinay, To: Leonard
Warren, Be: Leslie Chabay, Si: Hugh Thompson, *Dir:
Giuseppe Antonicelli*, Or & Ch: Metropolitan Opera New
York
Metropolitan Opera 21

1951 Ned: Lucine Amara, Ca: Richard Tucker, Be: Thomas
Hayward, To: Giuseppe Valdengo, Si: Clifford Harvuot,
Dir: Fausto Cleva, Or & Ch: Metropolitan Opera New
York
CBS

1951 Ned: Carla Gavazzi, Ca: Carlo Bergonzi, Be: Salvatore
de Tommasso, To: Carlo Tagliabue, Si: Marcello Rossi,
Dir: Alfredo Simonetto, Or & Ch: RAI Turin
Cetra

1953 Ned: Clara Petrella, Ca: Mario del Monaco, Be: Piero di
Palma, To: Afro Poli, Si: Aldo Protti, *Dir: Alberto Erede*,
Or & Ch: Accademia di Santa Cecilia Rom
Decca

DISKOGRAPHIE

1953 Ned: Victoria de los Angeles, Ca: Jussi Björling, Be: Paul Franke, To: Leonard Warren, Si: Robert Merrill, *Dir: Renato Cellini*, Or: RCA-Victor, Ch: Robert-Shaw RCA

1954 Ned: Ruth Moberg, Ca: Jussi Björling, Be: Arne Ohlson, To: Erik Sundquist, Si: Carl-Axel Hallgren, *Dir: Lamberto Gardelli*, Or & Ch: Opernhaus Stockholm Legendary Recordings (live und in schwedisch)

1954 Ned: Maria Callas, Ca: Giuseppe di Stefano, Be: Nicola Monti, To: Tito Gobbi, Si: Rolando Panerai, *Dir: Tullio Serafin*, Or & Ch: Teatro alla Scala Milano EMI

1957 Ned: Lucine Amara, Ca: Kurt Baum, Be: Charles Anthony, To: Robert Merrill, Si: Frank Guarrera, *Dir: Fausto Cleva*, Or & Ch: Metropolitan Opera New York Melodram (live)

1957 Ned: Clara Petrella, Ca: Giuseppe di Stefano, Be: Luigi Alva, To: Aldo Protti, Si: Enzo Sordello, *Dir: Nino Sanzogno*, Or & Ch: Teatro alla Scala Milano Cetra Opera Live

1960 Ned: Aureliana Beltrami, Ca: Gianni Poggi, Be: Alfredo Nobile, To: Aldo Protti, Si: Walter Monachesi, *Dir: Ugo Rapalo*, Or & Ch: Teatro San Carlo Neapel Philips

1960 Ned: Gabriella Tucci, Ca: Mario del Monaco, Be: Piero di Palma, To: Cornell MacNeil, Si: Renato Capecchi, *Dir: Francesco Molinari-Pradelli*, Or & Ch: Accademia di Santa Cecilia Rom Decca

1960 Ned: Melitta Muszely, Ca: Rudolf Schock, Be: Manfred Schmidt, To: Josef Metternich, Si: Marcel Cordes, *Dir:*

243

DISKOGRAPHIE

Horst Stein, Or & Ch: Deutsche Oper Berlin
EMI (in deutsch)

1961 Ned: Lucine Amara, Ca: Franco Corelli, Be: Mario Spina, To: Tito Gobbi, Si: Mario Zanasi, *Dir: Lovro von Matacic*, Or & Ch: Teatro alla Scala Milano
EMI

1961 Ned: Alexandra Kakovenko, Ca: Dimite-Uzunow, Be: Gennadi Pischaew, To: Vladimir Zacharow, Si: Pavel Lisitsian, *Dir: Samuel Samosud*, Or: Philharmonisches Orchester Moskau, Ch: Radio Moskau
MK

1961 Ned: Christiane Castelli, Ca: Paul Finel, Be: Remy Carozza, To: Michel Dens, Si: Claude Cales, *Dir: Pierre Dervaux*, Or & Ch: Opera Comique Paris
EMI

1965 Ned: Julia Orosz, Ca: Jószef Simándy, Be: Joszéf Réti, To: György Radnai, Si: László Palócz, *Dir: Vilmos Komor*, Or: Philharmonisches Orchester Budapest, Ch: Chor der Ungarischen Staatsoper
Qualiton (in ungarisch)

1965 Ned: Joan Carlyle, Ca: Carlo Bergonzi, Be: Ugo Benelli, To: Giuseppe Taddei, Si: Rolando Panerai, *Dir: Herbert von Karajan*, Or & Ch: Teatro alla Scala Milan
DG

1966 Ned: Arta Florescu, Ca: Cornel Stavru, Be: Valentin Teodorian, To: Nicolae Herlea, Si: Ladislaus Konya, *Dir: Mircea Popa*, Or & Ch: Oper Bukarest
Philips/ Electrecord

1968 Ned: Pilar Lorengar, Ca: James McCracken, Be: Ugo Benelli, To: Robert Merrill, Si: Tom Krause, *Dir: Lamberto Gardelli*, Or & Ch: Accademia di Santa Cecilia Rom
Decca

DISKOGRAPHIE

1971 Ned: Montserrat Caballé, Ca: Plácido Domingo, Be: Leo
Goeke, To: Sherrill Milnes, Si: Barry McDaniel, *Dir:*
Nello Santi, Or: London Symphony Orchestra, Ch: John
Alldis Choir
RCA

1977 Ned: Mirella Freni, Ca: Luciano Pavarotti, Be: Vincenzo
Bello, To: Ingvar Wixell, Si: Lorenzo Saccomani, *Dir:*
Giuseppe Patane, Or: National Philharmonic Orchestra,
Ch: London Voices
Decca

1979 Ned: Renata Scotto, Ca: José Carreras, Be: Ugo Benelli,
To: Kari Nurmela, Si: Thomas Allen, *Dir: Riccardo*
Muti, Or: Philharmonia Orchestra London, Ch: Ambro-
sian Opera Chorus
EMI

1981 Ned: Teresa Stratas, Ca: Plácido Domingo, Be: Florindo
Andreolli To: Juan Pons, Si: Alberto Rinaldi, *Dir: Georg-*
es Pretres, Or & Ch: Teatro alla Scala Milano
Phonogramm

1984 Ned: Lucia Popp, Ca: Vladimir Atlantow, Be: Alexandru
Ionita, To: Bernd Weikl, Si: Wolfgang Brendel, *Dir:*
Lamberto Gardelli, Or: Orchester des Bayerischen Rund-
funks München, Ch: Chor des Bayerischen Rundfunks
München
Ariola

Das renommierte, große deutschsprachige Musiklexikon mit 30.000 Stichwörtern auf 5.000 Seiten

RIEMANN MUSIKLEXIKON
In fünf Bänden

Aktualisiert durch zwei Ergänzungsbände zum Personenteil

Personenteil
Band I A-K · Band II L-Z
(zus. 12 000 Stichwörter)

Ergänzungsbände
zum Personenteil
(zus. 15 000 Stichwörter)

Sachteil
1 Band A-Z
(3 400 Stichwörter)

Preis pro Band

in Ganzleinen   DM 168,–
in Halbleder   DM 183,–   **Die Bände sind einzeln beziehbar.**

Weitere Informationen im Buchkatalog, der durch jede
gute Buch- oder Musikalienhandlung oder direkt vom Verlag
kostenlos erhältlich ist.

SCHOTT

Faszination der Musik - Faszination des Wissens

BROCKHAUS RIEMANN
MUSIKLEXIKON

Das Standardwerk als aktualisierte Taschenbuch-Ausgabe

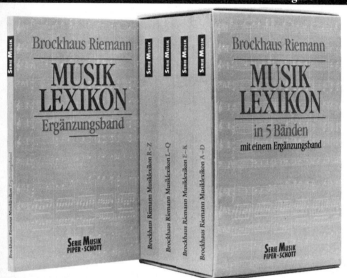

Durch Ergänzungsband A-Z aktualisiert

Das »Brockhaus Riemann Musiklexikon« steht in der Tradition des großen Riemann Musiklexikons, das seit mehr als 100 Jahren (1882) das international anerkannte Standardwerk der Musikliteratur ist.

Das nach wissenschaftlichen Kriterien erarbeitete Grundlagenmaterial wurde mit der Erfahrung beider Verlage in der Lexikonarbeit für eine breite Leserschaft neu gefaßt, ergänzt und für diese Taschenbuch-Ausgabe mit einem nochmals aktualisierenden Ergänzungsband versehen.

Das »Brockhaus Riemann Musiklexikon« bringt alles Wissenswerte über: Komponisten/Komponistinnen • Interpreten • Musik in Geschichte und Gegenwart bis zur Elektronischen- und Computermusik • Musikalische Gattungen und Instrumentenkunde • Hinweise auf weiterführende Literatur und Notenausgaben • Musikverlage u.v.a.

4 Bände A-Z

mit über 7000 Stichwörtern (Personen- und Sachartikel), zahlreichen Abbildungen und Notenbeispielen auf 1447 Seiten

+ 1 Ergänzungsband A-Z

mit 1167 Stichwörtern (1087 Personen- und 80 Sachartikel) auf 128 Seiten

Fünfbändige Taschenbuch-Ausgabe in Kassette
Best.-Nr. SP 8300 (ISBN 3-7957-8300-3)

Preis: nur DM 98,-

SERIE MUSIK - PIPER - SCHOTT

SCHOTT

Das weltweit einzigartige Nachschlagewerk über Oper, Operette, Musical und Ballett

Pipers Enzyklopädie des Musiktheaters

Oper – Operette – Musical – Ballett
Herausgegeben von Carl Dahlhaus und dem Forschungsinstitut für Musiktheater der Universität Bayreuth unter Leitung von Sieghart Döhring

Der Aufbau des Gesamtwerks:
Ein Werkteil (Band 1–5) mit ca. 3000 Werken, ein Registerband (mit Nachträgen zum Werkteil, Band 6) und ein Sachteil (Band 7–8) mit allen themenbezogenen Begriffsdarstellungen.
Jeder Band mit ca. 800 Seiten, zweispaltig, mit insgesamt ca. 1300 Abbildungen, davon ca. 200 in Farbe. Lexikonformat, Cabraleder. Erscheinungsweise jährlich.

Band 1
Werke Abbatini – Donizetti
776 Seiten

Band 2
Donizetti bis Henze
796 Seiten

Nach dem Erscheinen von Band 1 im Herbst 1986 schrieb Karl Schumann in der »Süddeutschen Zeitung«: »Ein schwindelerregendes Unterfangen in der Absicht, über das Jahr 2000 hinauszuwirken: eine Enzyklopädie des modern-komplexen Begriffes Musiktheater. Die Enzyklopädie läßt nach dem ersten Band schier ein Jahrhundertwerk erwarten, eine Zentralkartei des Musiktheaters. Der Gegenstand ist ständig in Bewegung, doch dürfte das ausladende Lexikon den Wechselfällen der nächsten Jahrzehnte standhalten. Es hilft dem Laien und macht sich dem Fachmann unentbehrlich.«

»Ein langersehnter Wunsch aller Musikinteressierten, der nun endlich seine Erfüllung gefunden hat.« Herbert von Karajan

Ausführliches Informationsmaterial und die Subskriptionsbedingungen erhalten Sie in Ihrer Buchhandlung oder beim Verlag:
Piper Verlag, Georgenstraße 4, 8000 München 40

Musikliteratur bei Piper – eine Auswahl

Ernest Ansermet
Die Grundlagen der Musik im menschlichen Bewußtsein
847 Seiten mit 230 Notenbeispielen und 32 Diagrammen. Serie Piper 388

Claudio Arrau
Leben mit der Musik
Aufgezeichnet von Joseph Horowitz. Aus dem Engl. von Rudolf Hermstein.
320 Seiten mit 56 Notenbeispielen. Serie Piper 597

Glenn Gould
Von Bach bis Boulez
Schriften zur Musik I
Herausgegeben und eingeleitet von Tim Page.
Aus dem Amerik. von Hans-Joachim Metzger.
358 Seiten mit zahlreichen Notenbeispielen. Leinen

Glenn Gould
Vom Konzertsaal zum Tonstudio
Schriften zur Musik II
Herausgegeben und eingeleitet von Tim Page. Aus dem Amerik. von Hans-Joachim Metzger.
321 Seiten. Leinen

Joachim Kaiser
Große Pianisten in unserer Zeit
292 Seiten mit 25 Notenbeispielen und 27 Fotos. Kt.

Lust an der Musik
Ein Lesebuch. Herausgegeben von Klaus Stadler. 436 Seiten. Serie Piper 350

Gustav Mahler/Richard Strauß
Briefwechsel 1888–1911
Herausgegeben und mit einem musikhistorischen Essay versehen von Herta Blaukopf.
240 Seiten und 14 Abbildungen auf Tafeln. Serie Piper 767

Albrecht Roeseler
Große Geiger unseres Jahrhunderts
397 Seiten mit 70 Abbildungen. Leinen

Franco Zeffirelli
Zeffirelli
Autobiographie.
Aus dem Engl. von Inge Leipold. 545 Seiten mit 53 Abbildungen. Leinen

SCHOTT Monographien
Gebundene Ausgaben

In jeder Monographie wird neben dem biographischen Teil in einem Sonderabschnitt das Werk in Analyse und Interpretation beschrieben. Einen großen Raum nimmt die Dokumentation ein - Aufzeichnungen, Briefe, Kritiken, Selbstdarstellungen usw. Eine Zeittafel, Abbildungen, Literaturhinweise sowie ein Register ergänzen den Inhalt.

Dieter Rexroth
BEETHOVEN

Bestell-Nr. ED 7191, 559 Seiten, gebunden, DM 26,-
Beschreiten die herkömmlichen Biographien einen Weg, der die Grenzen der Schilderung von Leben und Werk offen hält, so geht der Autor in diesem Buch von einem gänzlich anderen Ansatz aus. Er grenzt, soweit das überhaupt möglich ist, Beethovens Leben und sein Schaffen voneinander ab, breitet in der biographischen Darstellung die psychologische Lebenssituation dieses Komponisten aus und beschäftigt sich in einem gesonderten Teil anhand ausgewählter Werke mit Einzelaspekten seines individuellen Kompositionsstils. Die beiden großformatigen Teile schließen als zentralen Abschnitt eine Vielzahl von Dokumenten über Beethoven und sein Schaffen ein. Diese werk- und biographiebezogenen Dokumente wollen den Weg Beethovens als Künstler, seinen stetig wachsenden Ruhm und seine Bedeutung für die bürgerliche Öffentlichkeit nachvollziehbar machen, sie zeigen daneben aber auch, wie sehr nach 1800 die Privatsphäre einer Künstlerexistenz an Wichtigkeit gewonnen hat - ein Ausgangspunkt, der bis in die heutige Zeit hinein zunehmend Aufmerksamkeit findet.

Wolfgang Burde
STRAWINSKY

Bestell-Nr. ED 7192, 444 Seiten, gebunden, DM 19,80
St. Petersburg - Paris - Schweizer Exil - Frankreich - USA, dies sind die Stationen eines langen Komponistenlebens, das die Musikgeschichte um eine Vielzahl von Werken unterschiedlichster Stilistik bereichert hat. Igor Strawinskys weltmännisches Œuvre hat die Palette nahezu aller Gattungen bereichert: von der Sonate bis zum Solokonzert, vom Lied bis zur Oper, von der Ballettmusik bis zur Sinfonie... Ebenso facettenreich fällt die Aufzählung der unterschiedlichen kompositorischen Schreibarten aus, die Strawinsky im Laufe seines Schaffens beherrscht hat: vom durch seinen Lehrer Rimskij-Korsakow beeinflußten Stil der ersten Jahre zur „kubistischen" Komposition beispielsweise des skandalumwitterten *Sacre du printemps*, vom Neoklassizismus der *Pulcinella* bis zu den zwölftönig komponierten *Movements* - bis hin zu den Ausflügen in den Jazz. Orientierungslosigkeit bzw. stilistische Uneinheitlichkeit gehörten denn auch zu den Vorurteilen, denen sich Strawinsky gegenübergestellt sah. Solchen Vorurteilen tritt Wolfgang Burde in diesem Buch entgegen und verdeutlicht, daß der Komponist niemals „à la mode" oder „à la manière de" geschrieben hat, sondern die Neuentdeckung kompositorischer Verfahrensweisen oder auch bestimmter Form-Modelle stets in den Zusammenhang seiner persönlichen Denkweise integriert. Hier wird deutlich, warum Strawinsky, wie Wolfgang Burde schreibt, *neben Claude Debussy und Schönberg zu den bedeutendsten Komponisten der europäischen Avantgarde gehörte.*

Wolfgang Marggraf
GIUSEPPE VERDI
Leben und Werk
424 Seiten, gebunden
Best.-Nr. ED 7397 (ISBN 3-7957-2303-5)
DM 28,–

Wolfgang Marggraf hat seit Jahren die italienische Oper zu seinem Thema gemacht; das jüngste Ergebnis seiner auf profunde Kenntnisse des Italienischen gestützten Forschungen ist die vorliegende Verdi-Biographie.

SCHOTT

DIE WELT DER MUSIK IN ANEKDOTEN

Die hier zusammengetragenen und neu erzählten Musiker-Anekdoten vom 17. bis 20. Jahrhundert berichten über menschlich- allzu menschliche Schwächen von Musikern, Musikliebhabern und Dilettanten. Sie spiegeln zeitgeschichtliche Zusammenhänge und gesellschaftliche Hintergründe, verbunden mit einer Fülle psychologischer und kulturhistorischer Aspekte wider. Über den Witz und die Pointe hinaus wird das Verständnis für das Musikleben in Vergangenheit und Gegenwart vertieft.

Inhalt: Anekdoten zu den Bereichen Musik und Gesellschaft / Der Musiker in der Gesellschaft / Der Musiker und seine Arbeitswelt

STEPHAN PFLICHT

„... FAST EIN MEISTERWERK"
DIE WELT DER MUSIK IN ANEKDOTEN
Best.-Nr. ED 7518, 190 Seiten mit zahlreichen Abbildungen, geb. DM 24,80

SCHOTT

Sie gehen gern ins Konzert oder in die Oper.

Sie hören gern klassische Musik auf Schallplatte, Cassette oder im Rundfunk und Fernsehen.
Sie lieben Musik und hören sich viele Werke immer wieder an.

Über Musik
in allen ihren
Kontrasten und
Erscheinungsformen
orientiert

Die älteste
allgemeine
Musikzeitschrift
gegründet von
Robert Schumann

- NZ erscheint monatlich
- NZ ist eine wichtige Stimme im internationalen Musikbetrieb
- NZ berichtet zuverlässig über aktuelle Trends im Musikleben
- In jeder Ausgabe der NZ finden Sie einen aktuellen Kalender mit speziellen Veranstaltungstips und Premierendaten
- NZ Serie: Im Konzertsaal gehört. Bekannte Werke aus öffentlichen Konzerten werden vorgestellt und erläutert
- Gewinnen Sie die Platte des Monats! In jedem Heft werden neue Schallplatten rezensiert und unter den Lesern verlost
- NZ diskutiert schwerpunktmäßig aktuelle Themen der Musik, stellt Fragen – das willkommene Forum für moderne Leute

Zum Kennenlernen fordern Sie bitte ein Probeheft an.
Jahresabonnement: DM 52,– zuzüglich Versandkosten.
SCHOTT · Postfach 3640 · D-6500 Mainz 1

UNSERE MUSIKINSTRUMENTE

Eine sorgfältig edierte Reihe über die einzelnen Musikinstrumente, ihren Bau,
ihre Geschichte, ihre Hauptvertreter sowie die Entwicklung ihrer Spieltechnik.
Alle Bände stammen aus der Feder führender Musikologen und Interpreten.
Alle Bände im Format 18,5 × 21, mit farbigem, laminiertem Überzug.

Klaus Wolters

Das Klavier

Einführung in Bau und Geschichte des
Instruments und in die Geschichte des
Klavierspiels.
91 Seiten mit 8 farbigen und 16 sw-Bildtafeln
sowie zahlreichen Abbildungen im Text.
Best.-Nr. ED 8872 (ISBN 3-7957-2351-5),
geb. DM 24,80

Friedrich Jakob

Die Orgel

Orgelbau und Orgelspiel von der Antike
bis zur Gegenwart.
96 Seiten mit 8 farbigen und 16 sw-Bildtafeln
sowie zahlreichen Abbildungen im Text.
Best.-Nr. ED 8863 (ISBN 3-7957-2342-6),
geb. DM 28,-

Eduard Melkus

Die Violine

Einführung in die Geschichte der Violine
und des Violinspiels.
124 Seiten mit 8 farbigen und 16 sw-Bildtafeln
sowie zahlreichen Abbildungen im Text.
Best.-Nr. ED 8867 (ISBN 3-7957-2346-9),
geb. DM 28,-

Raymond Meylan

Die Flöte

Ihre Entwicklung in Vergangenheit und
Gegenwart.
115 Seiten mit 8 farbigen und 16 sw-Bildtafeln sowie zahlreichen Abbildungen
im Text und 1 Schallplatte als Beilage.
Best.-Nr. ED 8868 (ISBN 3-7957-2347-7),
geb. DM 29,80

Gunther Joppig

Oboe & Fagott

Ihre Geschichte, ihre Nebeninstrumente
und ihre Musik.
196 Seiten mit 27 farbigen und 219 sw-Abbildungen, 56 Notenbeispiele.
Best.-Nr. ED 8866 (ISBN 3-7957-2345-0),
geb. DM 38,-

Kurt Janetzky/Bernhard Brüchle

Das Horn

Eine kleine Chronik seines Werdens
und Wirkens.
112 Seiten mit 10 farbigen und 56 sw-Abbildungen und 28 Zeichnungen.
Best.-Nr. ED 8865 (ISBN 3-7957-2344-2),
geb. DM 28,-

Edward Tarr

Die Trompete

Geschichte und Spieltechnik von der Antike
bis zur Gegenwart.
143 Seiten mit 8 farbigen und 16 sw-Bildtafeln sowie zahlreichen Abbildungen
im Text und 1 Schallplatte als Beilage.
Best.-Nr. ED 8871 (ISBN 3-7957-2353-1),
geb. DM 29,80

Peter Päffgen

Die Gitarre

Grundzüge ihrer Entwicklung
228 Seiten mit 12 Farbtafeln und
zahlreichen sw-Abbildungen im Text.
Best.-Nr. ED 8874 (ISBN 3-7957-2355-8)
geb. DM 38,-

Friedrich Jakob

Schlagzeug

Über 100 Schlaginstrumente, Konstruktion,
Akustik, Verwendung.
108 Seiten mit 8 farbigen und 20 sw-Bildtafeln sowie zahlreichen Illustrationen
im Text.
Best.-Nr. ED 8864 (ISBN 3-7957-2343-4),
geb. DM 28,-

Ernst Haefliger

Die Singstimme

Inhalt: Die menschliche Stimme im Wandel
der Geschichte, Das Instrument Stimme,
Betrachtungen zur Gesangausbildung.
184 Seiten mit zahlreichen teils farbigen
Abbildungen, Notenbeispielen und 1 Schallplatte als Beilage.
Best.-Nr. ED 8862 (ISBN 3-7957-2341-8),
geb. DM 38,-

Heinz Schaub/Hans Baumann

Die Instrumente
im Sinfonieorchester

Ein ganz neuer, lebendiger Einblick in die
Welt des Orchesters. Die Spieler kommen
selbst zu Wort und berichten über ihre
Instrumente und ihre Aufgaben. Mit eigens
hierfür aufgenommenen Meisterfotos.
112 Kunstdruckseiten mit 109 Fotos.
Best.-Nr. ED 8869 (ISBN 3-7957-2348-5),
geb. DM 38,-

SCHOTT

Als Leitfaden zur Ermittlung
musikalischer Nachschlagewerke:
Lexika/ Bibliographien/
Diskographien/ Ikonographien/
Zeitschriften/ Thematische
Kataloge/ Musikalische
Gesamtausgaben und
-Denkmäler

In Einzelkapiteln, denen jeweils
ein historischer Abriß vorangestellt ist, werden die bibliographischen Hilfsmittel zu den
verschiedenen Bereichen von
Musikschrifttum und Musikalien
aufgeführt und Ratschläge
zu ihrer Benutzung gegeben.

●

Als Nachschlagewerk, um
Sachinformationen über
Buchveröffentlichungen,
Notenausgaben und Tonträger zu
erhalten.

●

157 Seiten, Linson gebunden –
Best.-Nr. ED 7659
(ISBN 3-7957-0206-2)

SCHOTT